U0361060

生命之宫

古埃及历史与地理

莎草绘卷

赵航 著

悠拉悠 绘

清华大学出版社
北京

版权所有,侵权必究。举报: 010-62782989, beiqinquan@tup.tsinghua.edu.cn。

图书在版编目(CIP)数据

生命之宫:古埃及历史与地理 / 赵航著;悠拉悠绘. — 北京:清华大学出版社,2023.1
(莎草绘卷)
ISBN 978-7-302-61551-4

Ⅰ.①生… Ⅱ.①赵…②悠… Ⅲ.①埃及—古代史—通俗读物 Ⅳ.①K411.209

中国版本图书馆CIP数据核字(2022)第143784号

责任编辑: 刘一琳
封面设计: 韩 捷
版式设计: 悠拉悠 陈国熙
责任校对: 赵丽敏
责任印制: 丛怀宇

出版发行: 清华大学出版社
　　　　网　　　址: http://www.tup.com.cn,http://www.wqbook.com
　　　　地　　　址: 北京清华大学学研大厦A座　　邮　　编: 100084
　　　　社 总 机: 010-83470000　　　　　　邮　　购: 010-62786544
　　　　投稿与读者服务: 010-62776969, c-service@tup.tsinghua.edu.cn
　　　　质量反馈: 010-83470000, zhiliang@tup.tsinghua.edu.cn
印 装 者: 北京博海升彩色印刷有限公司
经　　销: 全国新华书店
开　　本: 160mm×240mm　　**印　张:** 13.25　　**字　数:** 202千字
版　　次: 2023年1月第1版　　　　　　**印　次:** 2023年1月第1次印刷
定　　价: 89.00元

产品编号: 092767-01

序

2022年10月初，突然收到QQ好友赵航的问候，邀我为他即将出版的一套书"莎草绘卷"写序。因为是写古埃及的内容，因此我非常感兴趣。其实我并不十分了解他，只因为他是个埃及学的超级爱好者所以相识。我们在QQ上探讨的问题有些是一般爱好者不会关注的，倒不是因为问题偏僻，而是经常会不停地追问，这正是我所喜欢的。我经常跟我的研究生讲要不停地追问，也因此对他萌生好感，就答应了下来。他把书稿发给我后，了解到这是一套古埃及文明的科普图书，是一套真正的"图书"，因为有很多图，几乎每页都有。所以，读起来更轻松，合于科普的习惯。

中国是一个有着悠久历史的文明古国，因此对于历史有着不同于西方人的感受，对像古代埃及这样的文明古国也有非同寻常的热爱。但由于文化的隔膜，以及学术起步较晚，国人对古埃及文明的了解还限于金字塔建造的神秘传说和木乃伊归来的现代影片带来的街谈巷议的推测阶段。这让我想起十几年前在埃及南方考察哈特谢普苏特女王神庙时看到的情景，对我的触动很深。作为一位经常在埃及考察的研究者，因看到的游客大多都是欧美人而略感失落。后来随着世界经济危机席卷全球，欧美游客人数开始下降，中国人的身影变得越来越多。但中国游客来到埃及古迹之处做的第一件事就是拍照留念，很少有仔细浏览并进行深入了解的。可我在女王神庙处看到的令我吃惊的情景，是5个八九岁的欧洲小孩，手里拿着古埃及圣书体文字（国内一般称象形文字）王表在神庙的墙壁铭文中寻找、核对王名圈里的王名，以确定神庙所涉历史断代在什么时间。八九岁的孩子居然以埃及学学者的方法"阅读"三千多年前的古迹，让我深感国内埃及学科普的缺失。这是我答应为作者写序的原因。

科普图书应该像百科全书，尽可能多地回答大众的问题。这套书有三本，虽各有侧重，却基本囊括了一般读者想要知道的内容。历史、地理、神话、民俗、建筑、艺术，暗合了埃及学学科在世界各大学与研究机构的归属。中国的埃及学都设在历史学科中，而西方却更多设在考古、建筑与艺术学科，这也反映出埃及学蕴含内容的主要方面。从这套书的行文内容上看，作者多使用国内外埃及学大家著作中所用的材料，因此较为靠谱。埃及学虽是一个科学研究领域，却因其时代的久远与形态的"神秘"而吸引各路人蜂拥而至。除了科学的研究之外还有一个专注于炒作的群体活跃于媒体之中，于是泥沙俱下，云雾缭绕。对于学者，这种现象并无问题，可对于一般读者却常常会不知所措。本书作者阅读了很多埃及学著作，又与国内诸多埃及学大家都保持着联系，这在很大程度上能够确保书中内容的可靠与透彻。作为一位埃及学的超级爱好者，可能比我们这些学者更了解爱好者们的兴趣，回答爱好者们的问题。

刚收到书稿清样时还产生过一点小小的误解，以为"生命之宫"是要写𓉐𓉻，因为这个称号直译就是"生命之屋"，是古埃及一个非常重要的集教育、医学、书库于一体的机构，而我又称自己的书房为𓉐𓉻，因此觉得这个问题有些过于专业，不适合一般读者阅读。读过整套书的目录才知道，《生命之宫》是对应后两部《美丽之屋》和《伟大之域》的。于是放心。

希望广大读者能够喜欢这套图书。

是为序。

李晓东

2022年10月31日于𓉐𓉻

前言

几年前，我就动过写一本古埃及科普书的念头。

作为人类文明最初的曙光和地中海文明圈的肇始，古埃及在世界历史上有着独特、重要的地位。自19世纪以来，得益于地缘优势和早期掠夺式考古的影响，欧洲各国对古埃及的热情始终有增无减，并逐渐形成了"埃及学"这门显学。

但是在国内，虽然前有端方、黄遵宪收藏埃及古物，后有东北师范大学世界古典文明研究所群星闪耀，但由于起步较晚、对外交流较少，因此对这门综合学科面向大众的推广、普及的重视程度尚显有限。曾经不止一次有人向我抱怨，如今市面上广为流传的埃及学书籍，要么过浅，要么过深。

浅的书籍往往将为人熟知的那些"野史逸闻"不厌其烦地反复讲述，其中还不乏"法老的诅咒""外星人建造金字塔""法老墓中的猫"等流传了一百多年的谣言"集锦"。这些书的卖点固然是有，但这并不是科普应有的态度。

深的书籍则过于专业性和偏向性，虽然每一次翻阅这些埃及学专著都受益匪浅，但是对于那些正在尝试入门的人来说，难免有些艰涩难懂，作为科普的门槛实在太高，自然令人望而生畏。

我发现市面上缺失一种既"全面"又"不浅不深"的古埃及全景式科普书籍，以至于在很长一段时间里，面对微博上众多网友的垂询，我只能为他们推荐刘文鹏教授的《古代埃及史》——要知道，这可是现阶段国内埃及学硕士研究生教材！

更让我深受刺激的是，我看到了一本英国出版的古埃及圣书体童话《彼得兔的故事》，连一本童话都可以有专业学者用古代文字向那些学龄前的孩子展示。无论对象年龄、学识程度都能够找到合适的科普书籍，这无疑是很好的"科普生态环境"。

得益于"一带一路"倡议的提出，作为连接东西方的两个文明古国，中国和埃及的民众都对彼此悠久的历史文化产生了浓厚的兴趣。国内民众对古埃及历史、文化的热情已经不仅仅局限于小说、电影和游戏的范畴。

承清华大学出版社刘一琳编辑的邀约，我和悠老师在两年多的时间里共同完成了这套古埃及历史文化的科普丛书，共分为三册，分别是《生命之宫：古埃及历史与地理》《美丽之屋：古埃及神话与民俗》《伟大之域：古埃及建筑与艺术》，希望能为有兴趣了解古埃及的读者提供一本手边的参考资料。

赵航

2022年5月

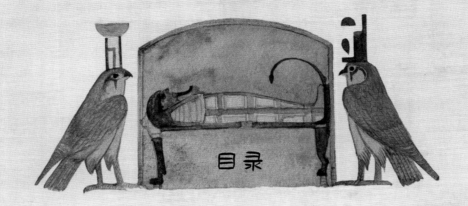

目录

历史篇

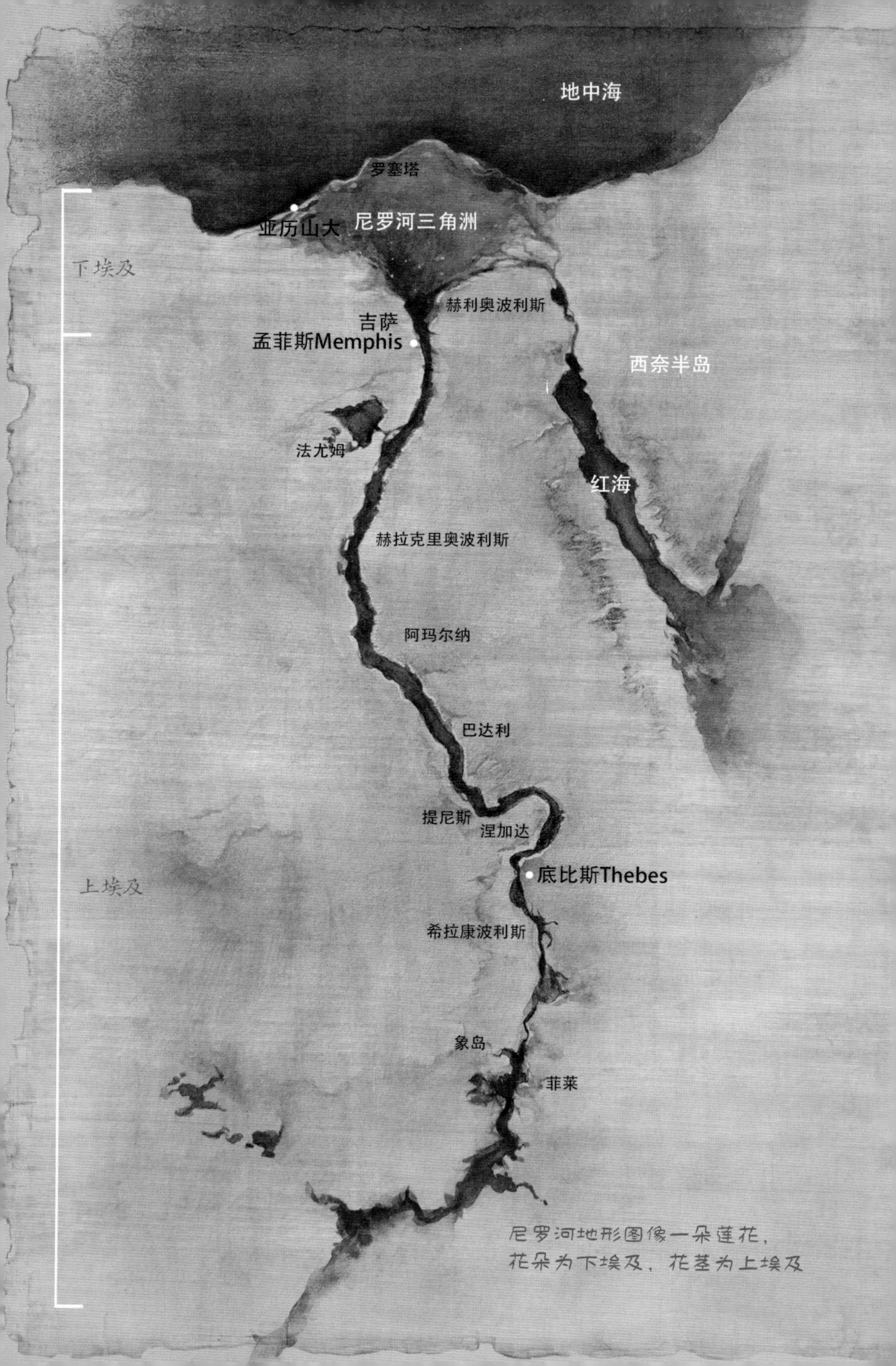

地中海

罗塞塔

亚历山大　尼罗河三角洲

下埃及

赫利奥波利斯

吉萨

孟菲斯Memphis

西奈半岛

法尤姆

红海

赫拉克里奥波利斯

阿玛尔纳

巴达利

提尼斯　涅加达

底比斯Thebes

上埃及

希拉康波利斯

象岛

菲莱

尼罗河地形图像一朵莲花，
花朵为下埃及，花茎为上埃及

上下埃及之王

  人类在北非尼罗河谷地活动的历史已经有八千多年，经过了漫长的原始部落时期和早期部落联盟时期，历史学上将古埃及文明诞生的时间定在了公元前三十世纪中叶，这一时期被称为涅加达文明三期，或者埃及学中所谓的"第零王朝"。

  这一阶段的代表性事件是当时上埃及的提尼斯 - 希拉康波利斯部落联盟首领那尔迈通过联姻、征服等手段，击败了下埃及其他部落联盟，最终完成了上下埃及的统一，建立了古埃及第一王朝。

  上下埃及并非一种严格意义上的地理区域划分，它们的范围在不同时期并不完全相同。起初，古埃及人以贯穿全境的尼罗河来定义最早的方位，位于尼罗河上游的狭长河谷区域为上埃及，而位于尼罗河下游的冲积平原区域为下埃及。随着古埃及对尼罗河上游的征服与开发，上埃及的范围一直延伸到了第一阶梯瀑布区域，而下埃及的范围也随着对西奈半岛的征服而大幅扩张。但无论上下埃及的区域扩张到哪里，它们之间的分界点则始终明确，那就是埃及著名的古城——孟菲斯。

  建立孟菲斯（Memphis）这座城市的国王就是完成了上下埃及统一的那尔迈——在征服了下埃及的部落联盟之后，他在狭长的尼罗河谷地和广袤的冲积平原的交会处，用巨石营建了这座城市作为统一后的上下埃及的首都。"孟菲斯"这个名称是后世希腊人对该城市的讹称，这一名称的来源可能是古埃及第六王朝的佩皮一世在此地营建的金字塔 Men-nefer。古王国时期人们称这座城市为 Ineb-hedj，也就是"白色的城墙"，可见用白色的石膏涂饰过的城墙是这座古老城市的显著特征。

那尔迈调色板

手握权标头、佩戴巴特头像腰带的那尔迈

关于那尔迈此人，由于缺乏文字记录，我们现在对他依然知之甚少，只知道他的名字是由"鲶鱼"（n'r）和"凿子"（mr）这两个圣书体符号组成的，关于这个名字的含义，学者间有两种不同的解释，一为"击打鲶鱼"，另一为"愤怒的鲶鱼"，双方各执己见，尚未有统一结论。

那尔迈最早是提尼斯地区的部落首领。从考古出土的文物当中，我们可以对这位统一了上下埃及的国王的生平有个大致的推测。

在那尔迈的时代，上埃及狭长的尼罗河谷地中有几个势力较大的部落，其中势力最强盛的就是那尔迈统治下的提尼斯和附近的希拉孔波利斯，这一地区位于如今埃及的卢克索与埃德夫之间。那尔迈可能通过联姻、贸易往来的形式使提尼斯和希拉孔波利斯合并，并进一步吞并了周围的一些部落，最终形成了后来上埃及部落联盟的雏形。

上埃及部落联盟在那尔迈的率领下，向下埃及部落发动了战争，由于年代过于久远，这场战争的地点、参战双方的军力、战争的经过等具体细节已经不可考证，只能从描绘战胜场面的那尔迈调色板上看到战争的结果——那尔迈率领的上埃及部落联盟最终战胜了下埃及的部落，总计消灭或俘虏了下埃及部落的六千余名部众，一些被击败的部落仓皇逃窜，他们的土地和牲口则全部落入上埃及部落联盟的手中。

战争结束后，上埃及部落联盟举办了一场盛大的庆祝仪式，来自各个联盟部落的首领们共同观看了对下埃及部落俘虏的惩处。

成为上下埃及的共主之后，那尔迈迎娶了王后奈斯霍特普，意为"奈斯神所满意者"。考虑到奈斯是下埃及舍易斯地区所崇拜的神祇，也是司掌弓箭和狩猎的女神，这位奈斯霍特普或许就出身于下埃及的某个部落。这说明那尔迈或许通过联姻的方式，与一些下埃及部落完成了较为和平的合并。

按照希腊史学家希罗多德的记载，那尔迈死于一次与河马的搏斗，这或许是模仿神话中荷鲁斯用长叉刺击变成河马的赛特的典故——但希罗多德的记载往往刻意追求猎奇、荒诞，因此可信性并不高。

随着近年来考古技术的发展，在埃及萨卡拉的乌姆-卡伯（Umm el-Ka'ab）地区，考古学家们发现了一系列前王国、早王国古埃及王族的墓葬，其中就有属于那尔迈编号为 B-17 的墓葬，但可惜的是，坟墓中并没有发现那尔迈的骨骸，因此他死亡的原因至今仍然是一个谜。

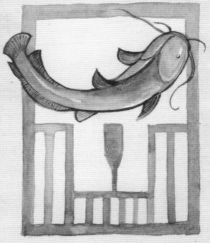

那尔迈调色板

那尔迈调色板

取得北方胜利后

那尔迈举行庆祝仪式,

他前方是举着旗帜的士兵,

旗杆上分别是兽皮、豺狼、猎鹰等

那尔迈虽然率领上埃及部落联盟征服了下埃及部落联盟，但是这种军事高压下完成的统一并不稳固，事实上在之后很长时间，古埃及依然按照上下埃及的划分方式被称为"两地"。

　　那尔迈的继承者、第一王朝第二位国王赫尔·阿哈在位期间，就曾经向南方努比亚地区发动远征，在他的持续攻击下，一些努比亚地区的部落被击溃，大量部众被俘虏，而古埃及的领土首次向南扩张到了尼罗河第一阶梯瀑布，这也是后来古埃及人心目中的上埃及南部的传统边界。同时，他还在下埃及的尼罗河三角洲修建了一座献给奈斯女神的神庙，这可能跟他的母亲——也就是那尔迈的王后奈斯霍特普有关，也不排除是为了利用宗教信仰来安抚被武力征服的下埃及部落。

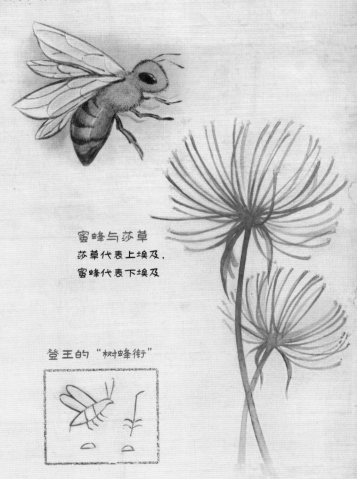

蜜蜂与莎草
莎草代表上埃及，
蜜蜂代表下埃及

登王的"树蜂衔"

奈斯女神

头上的符号是交叉的箭。

她被古埃及人称为『众父之父，众母之母』

赫尔·阿哈是目前已知最早声称自己拥有上下埃及的国王，一件刻有抓获俘虏图案的文物上刻着"得到上下埃及"的铭文，而且他得到的上下埃及的土地已经远超前任那尔迈，他的势力范围从第一瀑布一直延伸到了尼罗河三角洲，这也为随后的几位国王跨越红海，对西奈半岛的远征奠定了地缘优势。

赫尔·阿哈去世后，先后执掌古埃及第一王朝的是哲尔和杰特两位国王。哲尔在位时期，曾经派军队前往西奈半岛征服了当地土著，并一度抵达现在的巴勒斯坦地区。除此之外，我们对他这次远征所知甚少。

白冠
代表上埃及王权

红冠
代表下埃及王权

红白双冠
代表上下埃及王权

　　有关杰特在位时期的记载并不明确，但他的王后美丽奈斯（Merneith）在他去世之后，曾经作为摄政王太后（也有可能直接担任了国王，至少她的墓葬是国王的规格）执政了一段时间，她可能是有记载的最早的女性统治者之一。

　　最终继承了杰特王位的登（Den）是古埃及第一王朝在位最久的执政者，同时也是一位以文治武功而著称的国王。他在位时间大约五十年，至少举办过一次塞德节——这是古埃及国王在位三十年之后才会举行的庆祝节日。他刚继位时还是个年幼的孩童，因此他和他的母亲美丽奈斯共同执政，等到他独立执政后，就开始了一系列的重大改革，这些改革的影响贯穿了整个古埃及时代。

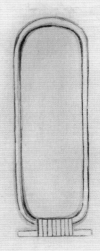

王名圈
守护国王名字的
神圣符号

首次采用了"树蜂衔"的王名

　　登王的改革中最重要的部分就是采用了"树蜂衔"（*nswt-bity*）。树蜂衔的符号是由代表上埃及的"苏特树"（莎草）和代表下埃及的"蜜蜂"组合而成的，意为"他属于莎草和蜜蜂"，也就是同时统治上下埃及，后来也被意译成"上下埃及之王名"。而这个名字通常是在之后的历代国王登基时开始使用，因此又被称为"登基名"。

登王象牙骨雕

登王揪住敌人的头发，准备击杀他。在古埃及，这一主题十分常见

树蜂衔是古埃及国王五个王衔中最重要的两个王衔之一（另一个是拉之子名），使用时通常会被包裹在被称为"王名圈"的椭圆符号之中，这个椭圆符号一般被认为是太阳，或者是古埃及代表永恒的申环（shen），象征守护之意。

采用红白双冠

在登王之前，古埃及的统治者们就已经有了代表上埃及王权的白冠和代表下埃及王权的红冠，例如在"那尔迈调色板"上，我们能看到分别头戴白冠或红冠的那尔迈的形象，但是两者总是单独出现，从来没有出现在同一个画面当中——早期的国王们会在不同场合戴不同颜色的帽子，用来彰显自己对上埃及或下埃及的拥有权。

白冠是一种白色的塔锥形高顶帽，红冠是一种红色的前有卷须后有大翼的平顶帽，而登王则别出心裁地将红冠套在白冠外，让二者嵌合为一，成为代表同时拥有上下埃及王权的"红白双冠"，这种嵌合王冠成了后世古埃及国王的代表性特征之一，一直被沿用到了托勒密王朝时期。

红白双冠和树蜂衔显然都是登王有意为之的创举，彰显了他同时拥有上下埃及王权的崇高地位，他在位五十多年，改善了原本一直互相敌视的上下埃及之间的动荡关系，真正地统治了上下埃及。

为下埃及单独设立管理大臣

下埃及部落作为统一战争的战败者，在很长一段时间里因为政治、宗教信仰和社会地位等多方面的原因，一直与上埃及统治者之间有着激烈的矛盾。

为了缓解上下埃及贵族之间在政治地位上的矛盾，登王进行了两方面的改革。一方面限制和削弱原本把持着古埃及政权的上埃及贵族大臣的权力，将他们的权力收归于己，来提高王权至高无上的地位。另一方面则是将上埃及的官僚体系照搬到下埃及，设立了"下埃及大臣"的职务，由下埃及的贵族来担任。从这之后，上下埃及分别由本地出身的贵族行使权力，两套班子地位平等，共同效忠于国王，这种"上埃及由上埃及人治理，下埃及由下埃及人治理"的方法让双方在政治地位上的不平等情况得到了一定的改善。

登王之后，无论是中王国时期设立的下埃及总督，还是新王国时期的上下埃及宰相，都和这次上下埃及的分治改革密切相关。

除了对埃及本土进行政治改革外，登王在位期间也不断发动对西奈半岛的远征，收藏于大英博物馆的"登王象牙骨雕"上，有一幅描绘了登王挥舞权标头打击双膝跪地敌人的图像，旁边的圣书体铭文写着"第一次打败东方人"，说明他这次远征针对的可能是西奈半岛附近的游牧民族。

在帕勒莫石碑上还记录了他的另外两次远征，其中一次是他在位的第十四年发动的，远征目的地是西奈半岛的塞杰乌（Setjetyw）和乌鲁卡，现在已经无法确定这两个地方的具体位置，但可以知道的是他在那里打败了一些居住在山洞中的"穴居人"，这也符合西奈半岛游牧民族的一些特征。

登王靠着政治改革和对外远征，让原本冲突的上下埃及之间的矛盾暂时缓解，使整个古埃及的国力达到了早王国时期的巅峰，但是他只是在政治方面协调了上下埃及双方的贵族势力，而上下埃及最根本的信仰冲突问题，始终没能得到解决。在他去世后，上下埃及祭司势力之间仍然旷日持久地对抗着。

早王国时期的古埃及还处于从原始部落联盟演变而来的国家雏形阶段，尚未形成后来的民族认同和国家认同，用来维护各部落之间联系的重要媒介就是共同的宗教信仰，其中上埃及普遍崇拜的是鹰神荷鲁斯，而下埃及则是力量神赛特。

对荷鲁斯的崇拜在那尔迈之前就已经形成，早在涅加达二期就有站立在房间上的鹰的符号，一位早于那尔迈的部落联盟首领艾瑞-荷（Iry-Hor）的名字中也有它的存在。值得注意的是，这个时候的荷鲁斯造型虽然同样是鹰，但并不能和后来经过古埃及人和希腊人演绎的埃及神话体系里的奥西里斯与伊西斯之子荷鲁斯完全等同。此时的荷鲁斯是早于其他神出现的最古老的神，在后来的神话体系中，它被视为太阳神拉，为了和后来的荷鲁斯区分而被称为"老荷鲁斯"（Horus the elder）。

那尔迈调色板
用于纪念上下埃及的统一
现藏于埃及开罗博物馆

　　此时的赛特也并非后来埃及神话体系中与侄子荷鲁斯争夺王位的形象，而是在下埃及尼罗河三角洲地区普遍被崇拜的一种长有长耳和尖吻的动物——有人说它的原型是非洲的土豚或者犰狳，但目前普遍认为它是一种幻想生物，具有强大的力量，受到下埃及部落的崇拜。

荷鲁斯祭司团体

早期荷鲁斯形象

在上下埃及尚未统一时，荷鲁斯和赛特的信仰就已经普遍存在于两地。和其他原始崇拜相同，它们的崇拜者们自然而然地形成了庞大的祭司团体，通过打压其他地方神的信仰来保证自己的优势地位，直至成为地区性的最高神。在早期神权与王权密不可分的时期，祭司团体们通过对"神谕"的解释权，获得了等同甚至凌驾于王权之上的崇高地位。

荷鲁斯与赛特祭司团体的矛盾从上下

赛特祭司团体

埃及被武力统一后开始激化，作为战胜者的上埃及祭司团体自然要将荷鲁斯神崇拜输入被击败的下埃及，荷鲁斯的祭司们开始从宗教和世俗两方面对下埃及的赛特祭司们进行打击。

崇拜赛特的下埃及部落虽然战败，却依然有着大量信众（甚至在上埃及也有），赛特的祭司们不断通过煽动信众反叛等手段来对抗荷鲁斯的祭司们推行的荷鲁斯崇拜——这一现象在登王改革、给予

早期赛特形象

下埃及贵族更多权力之后更加突出，双方都无法在宗教和世俗两方面完全压倒对方，因此陷入了长达几个世纪的宗教斗争，期间还经常爆发战争性质的冲突——登王之后的多代国王都没能很好地解决这个矛盾，上下埃及之间的冲突和敌视仍然贯穿整个早王国时期。

到了国王帕壬玛特（Perenmaat）在位时期，一位采用赛特名的伯里布森（Peribsen）在上埃及地区自立为王，令本就岌岌可危的上下埃及局势更加紧张。伯里布森用赛特名取代荷鲁斯名的行为，显然根源于宗教信仰的冲突。这场冲突一直持续到了帕壬玛特的继承人卡塞海姆时期。

卡塞海姆继位之后，也许是对这场旷日持久的斗争的厌恶，也许是双方之间的对立和敌视严重破坏了古埃及王朝的稳定，卡塞海姆决心终止这场漫长的争斗。他先是率军击败了趁乱从尼罗河上游入侵埃及的努比亚部落，之后又挥师北上，带领荷鲁斯的追随者们与那位采用赛特名的伯里布森国王展开了一场大规模的内战，并彻底击溃了对方。

结束因为宗教斗争而导致的内乱、重新统一上下埃及之后，卡塞海姆国王开始了一项前无古人同时也后无来者的宗教改革——将荷鲁斯与赛特的崇拜置于完全同等的地位上，既承认荷鲁斯祭司们的地位，也承认赛特祭司们的地位，借此来安抚两者的祭司团体。

为此他将自己原本的荷鲁斯名卡塞海姆改为荷鲁斯-赛特双王名——卡塞海姆威。在这个双王名上，荷鲁斯与赛特相向而立，共同护佑着这位大胆的宗教改革者和真正意义上结束了上下埃及对立的国王的名字。

卡塞海姆威的王名
荷鲁斯与赛特相向而立，
友好相处

从他之后，古埃及再也没有因为宗教冲突导致过本土的分裂，即使是新王国时期阿赫那顿国王进行的一神教改革，也没有打破这种大一统的局势。但是这项双王名的改革并没有持续多久，从卡塞海姆威的继承者左赛尔开始，古埃及国王们的王名又只剩下了荷鲁斯名。

卡塞海姆威，这位真正意义上统一了上下埃及的国王随后继续向北方进军，击败了北方的游牧民族，他为自己留下了记功的石碑，以及最早的古埃及人物雕像，也为后世留下了一个大一统的古埃及王国。

从此古埃及进入了一个全新的时代——古王国。

左赛尔王雕像
与阶梯金字塔

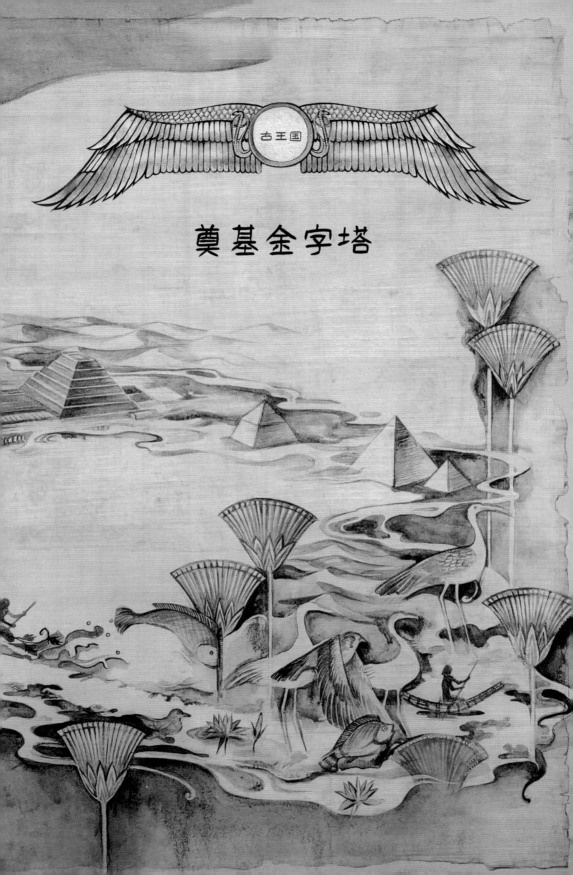

古王国

奠基金字塔

自卡塞海姆威采用荷鲁斯-赛特名作为王衔，完成上下埃及的和解后，古埃及从此成为了一个真正意义上的大一统国家，也进入了一个崭新的历史时期——古王国。这一时期古埃及的特征是国家稳定、经济繁荣，文化艺术得到了开创性的发展，对外交流主要以战争和贸易的形式广泛存在。

卡塞海姆威的继承人是第一座金字塔——阶梯金字塔的所有者左赛尔国王。原本在都灵王名表和马涅托王名表上，都将继承卡塞海姆威的国王记载为尼布卡（其荷鲁斯名

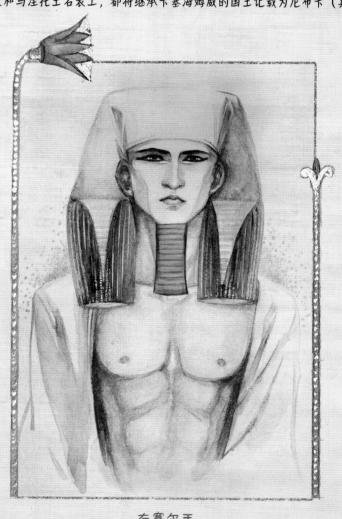

左赛尔王

左赛尔王石灰石雕像，现藏于埃及开罗博物馆

为萨纳赫特）国王，而左赛尔是尼布卡的弟弟和继承人。但是最新的考古发现证实，卡塞海姆威的墓门上的封印是左赛尔的名字，从而证实了左赛尔才是卡塞海姆威葬礼的主持者和王位的继承者。

卡塞海姆威留给左赛尔的是一个统一的国家，它的领土北至地中海沿岸，南达尼罗河第一阶梯瀑布。贯穿埃及全境的尼罗河为其提供了充沛的水源和便利的水上交通，尼罗河泛滥带来的上游肥沃淤泥也让古埃及的农业得以繁荣。在总体和平的大环境下，古埃及的经济得到了飞速的发展，经济的繁荣也促进了古埃及各项生产技术的进步，为后来历代国王营建大型建筑奠定了物质基础。

左赛尔登基之后，首先对西奈半岛进行了开发，在他之前的一些国王也进行过对西奈地区的远征，但是那些国王的主要目的是驱逐不断骚扰下埃及的西亚游牧民族，而左赛尔则是将西奈半岛视为下埃及领土的自然延伸、尼罗河三角洲的安全屏障和矿石资源的产地。

随着和亚洲土著部落的不断接触，左赛尔时期的古埃及人意识到在地中海东岸的广阔西亚地区有着截然不同的风土人情，尤其是这里盛产的雪松木更是气候干旱的埃及地区所稀缺的上好建筑材料。为此，古埃及人开始和西亚地区开展贸易。

有了和西亚地区的贸易商路，古埃及人注意到了西奈半岛这个被地中海和红海包围的交通要道的重要性，它为下埃及尼罗河三角洲提供了一个重要的屏障和战略缓冲地带，只要控制了这里，就可以阻止西亚游牧民族对下埃及的侵扰。

左赛尔通过几次远征，将盘踞在此的游牧民族驱逐出半岛后，开始派出人员勘探西奈半岛的矿产，他们发现西奈地区有储量丰富的绿松石和铜矿，这些矿产对于仍处于金石并用时期的古

绿松石

埃及来说是重要的战略资源。左赛尔命人在此开采矿石，并通过水运和陆运的方式将其运回埃及本土。

控制西奈半岛之后，左赛尔统治下的古埃及整体实力得到了增强，他一方面继续保持在西奈半岛的军事存在，另一方面在孟菲斯西方的萨卡拉地区营建墓地，为自己来世的"永生"做准备。

在早王国时期，历代国王都将自己的墓地选址放在阿拜多斯的乌姆-卡伯地区（这也是后来阿拜多斯成为冥神奥西里斯的崇拜地的主要原因），这一时期的国王墓葬多以下沉坑穴式为主，之后会在上方留下作为地表纪念物的梯形高台建筑，这种形制的建筑被后世的阿拉伯人比照一种类似形状的马斯塔巴凳子而得名为马斯塔巴。早期的马斯塔巴建筑规模都不大，并且多遭风化、破坏，遗存至今的数量较少，往往与自然土堆难以分辨。

左赛尔的前任国王卡塞海姆威是最后一位被葬于乌姆-卡伯地区的早王国国王。由于阿拜多斯距离当时古埃及王权中心孟菲斯地区路途遥远，从左赛尔开始，国王们就将自己的墓址选在了萨卡拉附近，这一区域距离孟菲斯较近，同时毗邻尼罗河，可提供充沛的水源和便利的水上运输。

受命负责为左赛尔设计并监督建造墓葬的是他的宰相伊姆霍特普，他是纵观古埃及历史罕有的著名人物——因为出众的才智，以及体恤广大平民的仁慈，伊姆霍特普由人成神，最终在古埃及民间被视为创世工匠神普塔赫的儿子，也被后世视为医药之神而广受崇拜——他的知名度甚至超过了他侍奉的国王左赛尔。

伊姆霍特普出身于一个平民家庭，起初担任地方上的小官吏，但是由于他的聪明才智而很快得到了左赛尔的赏识和重用，被任命为宰相。伊姆霍特普率领工匠，在前代马斯塔巴墓的形制基础上，为左赛尔设计了一种全新的墓葬形式——金字塔。

伊姆霍特普设计的金字塔是在原本的马斯塔巴墓的梯形台基础上，每一层用石砖垒砌出比下面一层稍小的梯形台，最终通过六层梯形台构建出一座高61.06米的阶梯状石制建筑，因其外观而被称为阶梯金字塔。

阶梯金字塔的地下墓室部分是先在地面向下挖一条28米深的竖井，并在竖井底部开凿出一间方形墓室，这个墓室边长为7米，被分隔为两间，分别作为棺椁间和随葬品间，两间墓室之间由一道门连通，门上写着左赛尔的王名。

当左赛尔下葬之后，这条通往墓室的通道被用一块重达3吨的巨石彻底封堵。

伊姆霍特普为左赛尔建造的阶梯金字塔并没有后世的金字塔那么完备，但它依然在人类建筑史上留下了不朽的声名——它是第一座高度超过60米的人工建筑，也是现存的第一座大型石制建筑。

根据托勒密王朝时期雕刻的一块"饥馑碑"所言，在左赛尔执政期间，曾经发生过长达七年的持续干旱，连尼罗河都一度断流，大规模的饥荒令古埃及上下民不聊生，给古埃及的国力造成了沉重的打击。

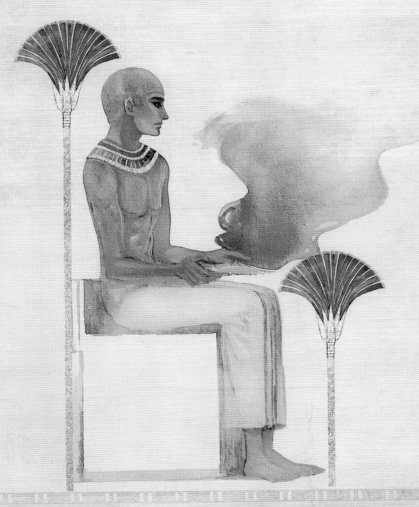

伊姆霍特普雕像，现藏于开罗博物馆的小雕像，伊姆霍特普双手棒着莎草纸卷

在宰相伊姆霍特普的建议下，左赛尔在厄勒藩丁地区为羊神克奴姆修建了一座神庙，克奴姆在这里被视为尼罗河洪水泛滥之神，左赛尔亲自主持了对克奴姆的祭祀活动。神奇的是，在神庙建成并祭祀过克奴姆后，尼罗河竟然恢复了原本的泛滥周期，一场残酷的大饥馑就这样神奇地结束了。

这个故事一方面反映了在托勒密王朝时期，左赛尔和伊姆霍特普这两位古王国时期的人物依然在民间被广泛传颂，另一方面也直观地说明了左赛尔时期已经将包括厄勒藩丁在内的尼罗河第一瀑布区牢牢控制在了古埃及的势力范围内。

左赛尔之后继位的古埃及第三王朝的国王们都为自己建造了同样形制的阶梯金字

塔，但是要么没能完成（赛赫姆赫特在左赛尔阶梯金字塔西边修建的未完工的阶梯金字塔，只完成了第一、二层的建筑，总高度约7米），要么残损严重（胡尼和继承者斯尼夫鲁在美杜姆地区修建的阶梯金字塔，原本共8层，现存仅3层，因此被称为"截顶金字塔"或"美杜姆金字塔"），只有赛赫姆赫特的继承者卡巴在阿布西尔地区修建的"层级金字塔"得以完成并保留至今，不过这座墓葬规模较小，连阶梯金字塔都算不上。

　　这一状况一直持续到了胡尼的儿子，也就是古埃及第四王朝的首位国王斯尼夫鲁在位时才得到了较大的改变——在他的任期内完成的三座金字塔（包括为他父亲最终修建完成的一座），完成了从阶梯金字塔到真正意义上的锥形金字塔的跨越。

阶梯金字塔

狮身人面像

根据现代学者的推测复原

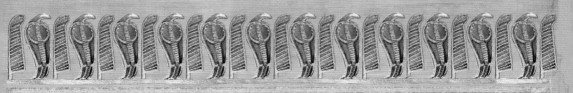

走向红海

　　胡尼的儿子斯尼夫鲁继承了国王之位后，一方面他继续修建父亲胡尼生前在美杜姆地区未能完成的金字塔，另一方面，他在前代们开疆拓土的基础上，进一步对埃及南方的努比亚地区及西方的利比亚地区分别进行了远征。

　　斯尼夫鲁的荷鲁斯名为 Hr nb mAat snfrw，意即"荷鲁斯的秩序之主斯尼夫鲁"，其中 snfrw 的意思是"他是美丽的"，这位被冠以"美丽"名号的国王在发动对外远征前进行了大量的准备。帕勒莫石碑中记载，他在出征的当年建造了一艘长达 100 肘尺（约 50 米）的麦汝木（特指黎凡特地区的雪松木）代瓦塔威船，以及六十艘较小的十六桨船。无论是前往被地中海和红海包围的西奈半岛，还是溯尼罗河而上远征努比亚地区，兵力的投放和军需的补给显然都离不开水上船运。

斯尼夫鲁之船

在古埃及及后世传说中，斯尼夫鲁让美人们身着网眼裙装，为其船队划桨

在准备完毕的同一年，斯尼夫鲁征服了南方的努比亚地区，他"铲平了黑人土地"，并带回了 7000 名俘虏和 20000 头牲畜，随后他又征服了利比亚当地土著部落，得到了 11000 名俘虏和 13000 头牛。对努比亚和利比亚的远征取得了辉煌的战果，不仅俘获了大量人口充当埃及本地的劳动力，还获得了大量牲畜，据记载斯尼夫鲁为这些掳掠来的牲畜建造了 122 个畜圈——尽管这是建立在对努比亚和利比亚当地近乎毁灭性的掠夺上的。

在西奈半岛，斯尼夫鲁进一步清剿了盘踞在这一地区的西亚游牧民族，在玛格哈拉干河考古学家们发现了斯尼夫鲁挥舞权杖击打跪地的亚细亚人的残破浮雕，旁边的铭文称呼斯尼夫鲁为"征服了外国土地的人"。斯尼夫鲁为了更好地控制努比亚和西奈半岛，他派遣军队和工人分别在两地营建了一系列军事用途的堡垒防御体系，这一城防体系被后世考古学家统称为"斯尼夫鲁的房屋""南北土地之墙"。其中西奈半岛地区的堡垒又被称作"大公墙"，用来保障对当地的有效控制。

除了军事征服和掠夺之外，和平贸易在古代文明交往之中也占有着极为重要的地位，尽管在当时还没有出现货币类一般等价物的概念，但以物易物、多次转易的国际贸易雏形在地中海东岸沿海地区开始形成。

古王国时期的埃及人通常用食物、织物和手工艺品作为贸易中的支付手段，食物的优势在于能够满足人们的日常需求，而织物与手工艺品则结实耐储，在长途的国际贸易中更为便捷。

在地中海地区最受当地人欢迎的是古埃及生产的陶器和雪花石膏制品，在西亚的毕布罗斯（古代腓尼基城市，现在位于黎巴嫩境内）就出土过带有斯尼夫鲁王名的雪花石膏器皿残片，同时在这一地区还发现带有斯尼夫鲁的继承人胡夫和他的王后美丽特提斯名字的闪长岩和雪花石膏的器皿残片。

古埃及人在与毕布罗斯地区的贸易中，最想得到的重要商品就是当地盛产的雪松木。帕勒莫石碑记载，斯尼夫鲁派出的一支由40艘船组成的船队从黎凡特地区（如今的黎巴嫩一带）满载着当地盛产的雪松木材归来，这可能是历史上有记载的最早的一次国际海上贸易，这些雪松木材在随后的几年中被古埃及人充分利用，修建了大量房屋、船只，以及国王宫殿的大门。

而在南方，古埃及人在努比亚和蓬特地区（位于现在的索马里）通过贸易或掠夺得到了大量珍贵特产，如木材、琥珀、树脂、兽皮、香料、象牙和沙金等。

有了从国外掠夺的财富，以及俘虏来的大量劳动力，再加上为父亲胡尼修建阶梯金字塔的经验，斯尼夫鲁也像之前的国王一样，开始为自己修建金字塔——但是他决定建造一座前所未有的金字塔，造型和那些阶梯金字塔截然不同。

斯尼夫鲁想要建造的不是阶梯金字塔，而是四棱锥形的真正的金字塔。在最初设计时，工匠们决定先建造一座七层的阶梯金字塔，再用石灰石将每一层的阶梯填充成平整的斜面。

吉萨金字塔群

之前在美杜姆为胡尼修建金字塔时，斯尼夫鲁的工匠还无法将石灰石牢固地附着于倾斜面上，不过经过反复试验，当时已经解决了这一问题——他们首先取消了在阶梯金字塔的每一层之间铺设倾斜石板的打算，直接采用堆砌的方式让石灰石本身在每一层阶梯金字塔之间形成斜面，同时也降低了每一层阶梯金字塔之间的倾斜角度，以便这些用于填充的石灰石不至于因为倾角过大而坍塌。

尽管在锥形金字塔的设计工艺上取得了很大的突破，斯尼夫鲁在萨卡拉南方2千米处的代赫舒尔修建的第一座金字塔还是出现了难以挽回的失误——它的倾角虽然较胡尼的美杜姆金字塔的小，但其底层倾角依然高达54°27'，这已经远远超过了自然堆砌最大稳定角度52°，导致其在建筑过程中就已经出现了底层结构不稳定的意外情况——工匠们很快意识到了这一错误，他们在这座金字塔修建到中间的时候，临时决定要改变金字塔的倾斜角度，直接将倾角大幅降低至43°22'，才让这座高105米、边长188米的金字塔得以顺利封顶。因为其底层和上层倾角不同导致从中间出现偏折的外观，这座金字

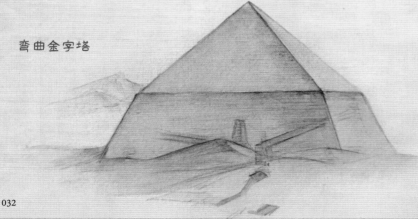

弯曲金字塔

塔被称为"弯曲金字塔"。

　　斯尼夫鲁对这种从中间开始弯曲的外形以及不稳定的结构感到担忧（他父亲胡尼的美杜姆金字塔就因为倾角过大而坍塌了），他最终放弃了将这座金字塔用作自己墓葬的计划，连同和该金字塔配套的神庙、道路、围墙都被废弃。不过出乎斯尼夫鲁本人的预料，这座金字塔经受住了时光的考验，至今仍然屹立在代赫舒尔地区，而且表面只有轻微的风化和剥蚀，是至今为数不多的依旧保留着平滑表面的大金字塔之一。

　　斯尼夫鲁决定在弯曲金字塔的北方不远处新建一座金字塔，也许是为了求稳，这座金字塔的技术工艺反而没有弯曲金字塔那么大胆，也放弃了之前的种种创新，它的倾角直接采用了接近弯曲金字塔上层的角度（43°19'），高度为105米，底座边长为220米，其表面已经完全演变为现在意义上的四棱锥金字塔，也就是真正意义上的第一座金字塔，并因整体采用红色石灰石而得名"红色金字塔"。由于红色金字塔保存较为完好，考古学家们相信斯尼夫鲁的棺椁仍在塔内，这部分的考古勘测仍在进行中。

红色金字塔

斯尼夫鲁的王后是他同父异母的妹妹海泰菲丽丝，两人生下了后来的胡夫国王。斯尼夫鲁还和其他妃子生下了不少子女，例如在胡夫时代担任过宰相职务的卡尼菲尔、安哈夫等——在古王国时代，这一职务通常都是由王室成员来担任的。

狮身人面像

斯尼夫鲁执政了24年（一说29年）后去世，由胡夫继承王位，胡夫是阿拜多斯王名表对他的称呼，他本人的荷鲁斯名是Hr mDdw（荷鲁斯的打击者）。胡夫因其拥有的那座高达146.6米（风化后现存138.5米）的大金字塔而闻名遐迩，但他本人被记载的事迹却相对寥寥，目前埃及学家仅知道他曾经远征过西奈半岛，并在那里击败了一些土著，获得了"摧毁穴居人"的称呼。至于所谓他执政期间发生的种种"暴行"，由于仅见于希罗多德的记载，因此可信度并不高。

胡夫在执政期间娶了美丽提特斯王后并生下了长子科瓦布，这位王子在登基继位前突然死亡，有埃及学家怀疑这可能与胡夫和另一位王妃所生的雷吉德夫王子有关，因为后者很快迎娶了科瓦布的遗孀海泰菲丽丝二世，并继承了胡夫的王位。雷吉德夫（阿拜多斯王名表上的名字是Ddf ra，意即持久地爱着拉神）是第一位将自己称为拉神之子的国王，这可能是因为对太阳神拉的崇拜已经盛行。

但是雷吉德夫在位时间并不长，因为他在吉萨地区为自己建造的金字塔连塔基都没有完成，就被匆匆停工放弃了，继位的是胡夫和第三任王后海努特森所生的王子哈夫拉（xaf ra，意即"扮演拉神者"）。哈夫拉和自己的父亲胡夫同样因为拥有壮观的金字塔而闻名，他在胡夫金字塔的西南方向为自己修建了第二高的哈夫拉金字塔，而附近那座与太阳神崇拜相关的"荷姆玛克特"（地平线的荷鲁斯）巨像，也就是现在著名的旅游景点——狮身人面像也被认为是他下令修建的。

哈夫拉的继承人是他和帕尔森提王妃所生的孟卡拉（mn kA.w ra，意即拉神之力永存）国王，孟卡拉的记载比起他之前的几位国王更少，目前所知的相关事迹几乎全都出自希罗多德的记载，他在哈夫拉金字塔的西南方向用开采自阿斯旺地区的花岗岩修建了一座较小的金字塔，也就是大金字塔群中最小的孟卡拉金字塔。由于他的金字塔外部使用了贵重的花岗岩，导致金字塔的外壳被人拆去，随后于11世纪再次遭到破坏，被人为挖出了一个巨大的深坑，也成为了现代人了解古埃及金字塔内部结构的一个重要契机。

风雨飘摇的王国

　　建造大型金字塔的热潮从孟卡拉执政时期开始退温，毕竟维持数以万计的工人不间断地为每一任国王修建坟墓耗资巨大。大量农业人口被迫投入工程建设或加入到为了掠夺财富而进行的远征当中，农业人口的流失也导致大量农田荒废，这意味着一旦发生大规模的天灾人祸，看似强盛的古王国就会因为粮食短缺而面临致命危机。

　　从孟卡拉开始，古埃及第四、第五、第六王朝的历代国王们所修建的金字塔越来越小，质量上也完全无法和胡夫等国王所修建的大金字塔相比，例如墓室中发现了历史上最早的文字作品《乌纳斯铭文》的第五王朝乌纳斯国王的金字塔，它的外部早已倾塌成土堆，只剩下内部墓室保留至今。除此之外，还有许多并不著名的国王，他们有的没能完成自己的金字塔，或者从一开始就没有打算为自己修建金字塔。

　　与此同时，从左赛尔时期开始加强的中央集权逐渐衰落，由于国王的治理能力低下，以及地方贵族阶层的崛起，导致各州州长的权力过度膨胀，他们虽然依旧宣称效忠于国王，但其拥有的自治权让他们在自己的领地内拥有不亚于国王的权力，例如厄勒藩丁的通译长官，就是因为掌控着与努比亚地区的贸易权而独霸一方，这些地方割据势力令原本就羸弱的王权统治雪上加霜。

佩皮二世与摄政女王安赫尼丝佩皮二世
雪花石雕像

在佩皮一世时期，已经出现了经济困难的埃及古王国放弃了之前以防守为主的对外政策，转而重启了对西奈半岛、努比亚地区的远征，时任赫利奥波利斯州长的伊提墓中的浮雕就表现了古埃及军队远征亚洲并攻击当地城市的场景，而在第六王朝的《大臣维尼铭文》中，同样能看到"陛下发动了惩罚亚洲穴居人的战争，（国王）聚集万人的军队……在消灭了沙漠穴居人、掀翻他们的要塞、砍倒他们的无花果树和葡萄树、消灭数万名敌人并带回大量俘虏之后，这支部队返回（埃及）。"相关的记载。

到了佩皮二世这位长寿者的执政时期（据记载他活了100岁，于6岁时登基，执政94年，也有说法认为其在位约30年），中央王权更加衰落，以至于他去世之后，古埃及王室竟然再也选不出一个有能力维持王权的继承者，更遑论压制那些越来越强势的地方割据势力——自他去世开始，埃及古王国正式宣告终结，古埃及进入了以地方割据势力为主、不断爆发奴隶和平民起义的混乱时代——第一中间期。

引发第一中间期混乱的诱因是一次大规模的气候异常变化，也就是所谓的"新石器时代湿润期"的结束。距今一万年左右，全球气候普遍温暖潮湿，冰川大规模消融，而到了距今五千年前后，全球气候进入亚北方期，全球绝大部分地区的气温开始下降，变得干燥而寒冷。

　　古王国后期与第一中间期恰逢亚北方期后期阶段，也就是距今四千五百年到四千年前后，全球气温持续下降，冰川面积增加，中高纬度地区变得更加干燥，许多原本水草丰茂的地区逐渐因为干旱而枯竭，大量北方的游牧部落开始向南方迁徙。这说明了古埃及第一中间期时为何会遭到来自中亚、西亚的游牧民族的入侵。尼罗河谷地的农耕全都建立在尼罗河的周期性泛滥的基础上，尼罗河泛滥后遗留下来的黑色沃土带给农作物充足的养分，而尼罗河水也为两岸的农业灌溉提供了充足的水源。对于古埃及来说，这次巨大的气候变化最直观的体现，就是他们赖以为生的尼罗河的异常变化。最开始是尼罗河水位下降而后乃至断流，这意味着尼罗河泛滥的停止，农作物失去了富营养土壤和灌溉水源，导致了古王国农业的歉收甚至绝收，随后大规模的饥馑开始在埃及全境蔓延，饥饿、逃荒、死亡成了这一时期的普遍现象。

　　这次大饥馑持续了一百八十多年，直到第十一王朝时才结束，其中灾荒最严重的时期是在公元前21世纪的第二十年至第四十年之间。

　　从留存下来的文献、墓志铭文中可以看到这一时期古埃及的混乱状况。

《涅菲尔提预言》
埃及的河流空了，人（可以）徒步涉过……沙滩上没有水，河床上也没有水。
大地上混乱无序。
从来没有发生过的事情发生了。人们拿起了武器，（因此）大地变得混乱。
土地减少了，但管理它的官员依然很多，土地的产量减少了，但税收依然沉重，谷物的数量减少了，但收税的量器依然很大。

《对美丽卡拉王的教谕》

我以城市领主的身份兴起，我因为北方地区的情况而痛心疾首……我平定了整个西方土地，远达海岸。

在我那个时代，一件可耻的事情发生了，提斯州被洗劫了。

《州长安克提菲墓铭文》

整个上埃及处于垂死饥饿的状态，以至于所有人开始吃自己的孩子。但在这个州，我设法确保每个人免于因饥饿而死。我把谷物借给上埃及……我使象岛的家庭活着。

天空处于阴暗的风暴笼罩之下，而大地则处于冥界的沙漠及饥饿的气息当中。

整个国家像是饥饿的蝗虫，人们开始向北方和南方寻找谷物。

《州长凯悌二世墓铭文》

我为这座城市带来了礼物，我维持城市的生活，为中埃及山上的人们供水。

我建造了建筑，来代替10肘尺深的河流，没有抢劫任何一个人的财产……当上埃及滴水不存变成一片荒漠的时候，我为这个城市建造了一座堤坝，我把沼泽改造成农田……所有的人民都渴望喝水。

我有很多谷物。我允许市民拿走谷物，也允许他的妻子拿走谷物，更允许寡妇和寡妇的儿子拿走谷物。

《安提福克石碑》

我有大麦和小麦，我把它们送给那些饥饿的人，在我的抚养下，饥馑期间没有人因此死亡……

古埃及人并不喜欢记载那些沉重的灾难，但是这些为了夸耀自己的功绩而记载下来的情况，大体是客观的。因此在第一中间期，古埃及时常爆发平民和奴隶起义，虽鲜有关于这些起义的直接记载，但是在文献记录中我们仍然可以发现诸如"洗劫城市""颠倒混乱的世界""穷人们变得富有，而奴隶们变得欢乐，有地位的人被消灭""人们拿起了武器"等记载，这说明了当时的混乱局面。

关于传统概念里的第六王朝之后的第七、八王朝的情况，因为划分王朝的祭司马涅托没有给出这两个王朝的任何王名，而其中第七王朝的国王数量和统治时间又不合情理（马涅托记载为"第七王朝由孟菲斯的70个王组成，他们统治了70天。"），所以这两个王朝是否存在，它们和其他王朝之间界限到底在哪里，至今仍是极具争议的问题。从现存的王名表中可以剥离出大约17位处于第七至第九王朝之间的国王，通常将前4名划归为第七王朝，中间的9名（他们的王名后缀暗示了他们拥有着努比亚血统）划归到第八王朝，剩下的4名划归为第九王朝。考古学家们对第一中间混乱期的考古研究至今仍在进行。

努比亚弓箭手与埃及长矛兵

着色木俑，现藏于埃及开罗博物馆

孟图霍特普二世
黑色的皮肤可能象征他是奥西里斯化身。
现藏于埃及开罗博物馆

金字塔顶石
建于阿蒙尼姆赫特三世时期，
现藏于埃及开罗博物馆

中兴时代

　　自从古王国第六王朝在地方割据势力的影响下被迫解体，古埃及历史进入了第一中间期，饥馑和混乱遍布埃及全境。

　　就在这样的乱世之中，在远离古王国政治中心孟菲斯的上埃及底比斯地区，自当地统治者因提夫一世建立了古埃及第十一王朝开始，一支全新的王族——底比斯王族悄然兴起。

　　因提夫一世的父亲孟图霍特普一世原本是当地州长，以底比斯当地的战争神孟图为名，他执政期间公然拒绝承认第十王朝的统治并宣布独立，不过他生前并未登基，而是由他的儿子因提夫开创了第十一王朝。身为南方的统治者，因提夫的王名Hri-tp aA n Smaw ini-it.f aA（南方伟大的酋长，因提夫）就充分体现了这一点。他登基之后开始用武力征服周围各州，并很快击败了那些地区的统治者，将南部埃及统一在自己手中。随后他开始向北方的艾斯尤特州以及定都于赫拉克里奥波利斯的第十王朝发起进攻，但是并没有取得成功，在他和弟弟因提夫二世在位期间，双方陷入了长期的对峙和拉锯战当中。因提夫二世去世时，他的儿子因提夫三世已经是年迈的老人，只执政了8年便去世了，而继承他王位的人就是终结了第一中间期混乱、再度统一了上下埃及的孟图霍特普二世。

孟图霍特普二世是因提夫三世与王后亚欧的儿子，登基时使用的荷鲁斯名是Hr sanx-ib-tAwi（令两土地之心持久），随后他很快击败了其他州并统一了整个南部埃及，他将自己的荷鲁斯名改为Hr nTri-HDt（白冠之神），这意味着他宣布白冠代表的整个上埃及都已经臣服于他的统治。

　　统一南部埃及之后，在孟图霍特普二世登基第二十年左右，他开始向盘踞于赫拉克里奥波利斯的第十王朝发动了战争。这时他的对手是执政第十王朝的美丽卡拉国王，也就是《对美丽卡拉王的教谕》中被说教的那位国王，可惜这位国王并没有做到像他父亲期望的那般英明神武，更何况古埃及动乱已久，再度统一是大势所趋，美丽卡拉的军队很快就被孟图霍特普二世击败，首都陷落，第十王朝随即宣告终结。

努比亚弓箭手与埃及长矛兵
第十一王朝时期木俑，
现藏于埃及开罗博物馆

第十王朝的终结意味着第一中间期混乱的结束，分裂的上下埃及再度归于统一。统一之后，孟图霍特普二世再次将自己的荷鲁斯名改为 *Hr smA-tAwi*，也就是"统一两土地之人"，孟图霍特普二世是古埃及历史上少有的三易其名的国王。

　　上下埃及虽然时隔几个世纪再度统一，但摆在孟图霍特普二世面前的却是一个千疮百孔的国家。在上埃及，大量南部努比亚黑人开始向埃及境内移民，他们被古埃及人称为麦德查人；而在下埃及的三角洲地区，由于第十王朝无力管辖，利比亚地区的游牧民族不断迁徙并定居于此；而来自西亚的游牧民则趁机夺取了西奈半岛的控制权，埃及传统的边界线已经荡然无存。

孟图霍特普二世随后展开了对三角洲地区利比亚人的战争，在这一战争的过程中，他吸收了那些从努比亚迁徙过来的黑人作为战士。这些强壮且忠诚的黑人被以他们的民族名来称呼，也就是古埃及著名的"麦德查人卫队"，他们战时作为冲锋的精锐士兵，平时则作为维护治安和保护国王的警卫队，在这次驱逐利比亚人的战斗中，他们被派上战场，击败并俘虏了大量利比亚人，其中一部分利比亚人也被吸收进了古埃及军队当中，于是下埃及三角洲和努比亚地区再次回归于古埃及的统治。

孟图霍特普二世去世时留给继承者孟图霍特普三世和孟图霍特普四世的是一个统一的埃及，而后两者也并没有辜负他的努力，在维护埃及统一的同时，也恢复了与周边地区的外交和贸易往来。

孟图霍特普四世去世后，他手下的宰相阿蒙尼姆赫特夺取了王位，开创了古埃及第十二王朝。阿蒙尼姆赫特一世是古埃及人与努比亚人混血的后代，他出身于平民，但在孟图霍特普四世在位时已经是声名显赫的贵族且官至宰相，因此才能够夺得王位。他将首都迁移到距离孟菲斯不远的利希特，以便对利比亚人和趁乱盘踞于西奈半岛的亚洲人进行远征。他的几次远征取得了一定的效果，西奈半岛的一部分领土在脱离古埃及控制数百年后，再次回归于古埃及的统治之下。

在后世古埃及人的心目中，从来没有因为阿蒙尼姆赫特一世通过政变登上王位而对他有微词，反而将他视为埃及的解放者并不断颂扬他。

阿蒙尼姆赫特一世开创了古埃及历史上著名的"父子共治"的先河，在他还活着的时候，就和自己的儿子、也就是后来的塞努塞尔特一世共同执政。后来他遇刺身亡，正在远征利比亚的塞努塞尔特一世闻讯紧急返回利希特，凭借共治的地位顺利继承了王位。

阿蒙尼姆赫特一世的死因是一次未被详细记载的政治刺杀，在后来假托他的名字写成的《阿蒙尼姆赫特的训诫》中提到了"不要信任任何兄弟和朋友"，似乎就是说的这次刺杀阴谋，而古埃及民间故事《辛努海的流亡》中，导致主人公被迫流亡的故事背景似乎也与阿蒙尼姆赫特一世遇刺有关。

塞努塞尔特一世与随后的阿蒙尼姆赫特二世、塞努塞尔特二世都保持着与未来继承人

塞努塞尔特三世
他的雕像通常表情严肃、不苟言笑

共治的传统，与塞努塞尔特二世共治的就是他的继承人塞努塞尔特三世，这是一位总是神情严肃、以军事和工程而闻名的国王，他在位期间曾经四次远征努比亚，并将古埃及的领土首次从第一阶梯瀑布推进到第二阶梯瀑布区域的塞姆纳，并在那里用泥砖建造了8座堡垒用来更好地控制当地。

为了绕过落差极大且河流弯曲的瀑布区，他还命人开凿了一条名为"美好的卡考拉之路"的运河，这条运河从厄勒藩丁地区绕过第一阶梯瀑布，令尼罗河船运可以直达努比亚地区，为后来古埃及实际控制努比亚数千年奠定了基础。

同时在下埃及地区，有一条在前王国早期就存在的古运河，它通过现在的图密拉特干河、提姆萨赫湖以及大苦湖等低洼地带流入红海，在古王国末期的佩皮二世时代，因为尼罗河水位下降，导致此运河淤堵并逐渐荒废，当时的古埃及人不得不在红海北端设立造船厂来建造商船。

塞塔托丽尼特公主项链
现藏于埃及开罗博物馆

而十二王朝塞努塞尔特三世在位时，得益于尼罗河的重新泛滥，他下令兴建水利工程，重新疏通了这条运河，让红海、尼罗河与地中海再度连通起来，这一方面为埃及与西奈半岛、蓬特地区的海上贸易提供了便利，另一方面也为他远征巴勒斯坦地区提供了海上交通线。

塞努塞尔特三世在位期间为了避免重蹈第一中间期混乱的覆辙，进行了一系列削弱地方贵族特权的改革，进一步加强了中央王权。这时古埃及的经济开始复苏，王室也积累了大量财富。在他的妹妹塞塔托丽尼特公主位于拉珲地区的墓葬中出土的"拉珲宝藏"，海量的首饰珠宝以其精美的工艺而堪称古埃及中王国时期工艺品的巅峰。

同时塞努塞尔特三世也是古埃及历史上一位著名的爱国者，他在尼罗河阶梯瀑布区留下的碑文上写着振聋发聩的宣言——"我已划定我的疆界，比我的祖先航行得更靠南，我已经扩大了我继承的领土范围。愿意保持我划定的疆域的任何一子，是我的天生为王的儿子……但是，任何抛弃它和不为之奋斗的人，就不是我的儿子，不是命中注定的国君。我已在这个疆界建造了我的雕像，你可能由此获得动力，并代表它而征战。"

靠着历代国王们开发法尤姆绿洲带来的农业丰收，以及远征、贸易得到的财富，中王国的繁荣昌盛又持续了一段时间，一直延续到了索贝克尼芙鲁执政的末期。对于刚刚从第一中间期的饥馑与混乱中休养生息恢复过来的古埃及民众来说，这无疑是一个难得的太平盛世，但他们意想不到的是，随着来自西亚地区的游牧民族迁徙进入下埃及三角洲地区，用不了多久，另一个更加动荡的时代即将到来。

艾赫泰普、卡摩斯、阿赫摩斯母子三人继陶二世之后，继续抗击敌人

铁马与英雄

　　中王国时期的复兴并没有持续太久，对立和分裂的危机再次弥漫在埃及的大地上。一方面是因为不断迁徙进入下埃及三角洲地区的利比亚人和对西奈半岛虎视眈眈的亚洲人，另一方面则是贫困奴隶、平民与醉生梦死的贵族统治者日益尖锐的阶级矛盾。

　　第十二王朝在位仅四年的女性统治者索贝克尼芙鲁去世之后没有直系继承人，因此第十三王朝的首位国王海威塔乌伊拉靠着姻亲关系继承了她的王位。作为第十二王朝的正统继承者，十三王朝的统治并不稳固，几乎在它建立的同时，一个和它对抗的王朝在下埃及三角洲西北部的克索伊斯出现了，虽然目前对这个后来被称为第十四王朝的地方势力所知甚少，但考古学家可以确定这个王朝的统治者们来自西亚的迦南地区，也就是趁着第一中间期的混乱进入埃及本土的游牧民族的后代。

　　原本统一的埃及再度陷入第十三王朝和第十四王朝的分裂与对抗之中，从此进入了古埃及历史上第二个漫长的动荡时期——第二中间期。而此时，两个更大的危机正在逼近第十三王朝和第十四王朝的统治者。

　　其中最先爆发的是一场针对第十三王朝统治者的奴隶大起义，这次起义的具体经过被后来的统治者彻底抹除，但是从一些讲述第二中间期混乱状况的文献中，排除那些贵族统治者对起义者的丑化和对自己的美化后，依然可以看到奴隶大起义时的一些状况。

其中比较有争议的是一篇写就于新王国晚期，名为《伊普味陈辞》的教谕文献作品：

贫民成为拥有财富的人，那些连给自己置办一双鞋子的财产都没有的人现在成了大批财产的所有者。

原本穿着华贵服饰的人现在衣不蔽体，那些连给自己制作衣服的财产都没有的人拥有了精致的亚麻服饰……

卑贱者受到尊敬，高贵者被打翻在地；仆人变成了主人，替人送信的人变成了收取礼物者……

国家像陶轮一样翻转，强盗们从富人那里抢走了财产并占有它们……

议事机构的法律文献被人们撕碎并抛弃在大街上，贫民们则践踏它……

各地由国王任命的官员们被驱逐，原本拥有财产的人居无定所，而乞丐则享受美味佳肴。

由文献中的记载，可以看出作者是站在统治者的立场上对起义者的破坏行动进行了严厉的批判，但它描述的究竟是第一中间期还是第二中间期的动荡情景，却在埃及学界有着不小的争议。

第二中间期乱象

　　如果将其视为描述第二中间期大规模起义的文献的话，就可以看到这次奴隶、平民起义规模之大、参与者职业之广、反抗手段之激烈，而他们要打击的对象，就是在中王国时期进入古埃及政治舞台、拥有了大量财富与奴隶的"强有力的涅杰斯"们。

　　涅杰斯，也就是所谓的私有者阶层，他们之中大多数人原本出身于平民，后来逐渐拥有了财产和奴隶。他们是古埃及军队的重要组成部分，并因此成为了中王国时期国王拉拢的对象，原因就是要借助他们的力量去打击那些地方割据势力的旧贵族。这些"涅杰斯"登上政治舞台后拥有了更多的财富和更大的权力，成为了新的贵族阶层，因此其自身也成为了奴隶们仇恨的对象。

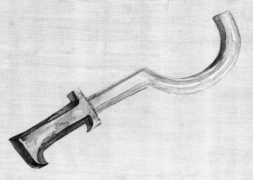

喜克索斯人的青铜弯刀

随着奴隶大起义的爆发，本就因为第十四王朝的分裂活动而虚弱不堪的第十三王朝受到了致命的打击。而与此同时，来自西亚地区的喜克索斯人正对整个埃及虎视眈眈。此时的古埃及陷入内忧外患之中。

喜克索斯人是来自西亚地区（有争议，一般认为是底格里斯河以东地区）的混血民族，可能以塞姆人和胡里安人为主，他们趁着古埃及第一中间期的混乱，开始沿现在的巴勒斯坦地区迁徙进入埃及，并定居于三角洲地区。

最早注意到喜克索斯人入侵的是第十三王朝的国王杜狄摩斯一世，但是他错误地将其视为"众神用风暴袭击了我们"，认为这是来自西亚的游牧民族的一次大规模突袭——事实上早在之前半个多世纪，喜克索斯人就已经渗透进入埃及，并在此建立了名为阿瓦利斯的城市，以此地为中心，喜克索斯人开始了在下埃及三角洲的不断扩张，且试图吞并上埃及。

杜狄摩斯一世在记载中提及喜克索斯人"他们没有试探而是用军队轻易地占领了（国土），他们击败了当地的官员后，残暴地烧毁了城市、毁灭了神庙，用残酷的手段杀死了本地的人民，并把他们的妻子和孩子当做奴隶……他们将孟菲斯当做首都，对上下埃及征收赋税，并在（上埃及谷地）有利地形处驻扎军队。"

喜克索斯人大规模入侵，本就被自然灾害和政治危机困扰的古埃及人不堪重负，不少当时的古埃及人产生了悲观厌世的情绪，在著名的中王国厌世文学《一个自杀者与其灵魂的争辩》中，这位自杀的古埃及人发出了痛苦的指控："今天我能向谁诉说？大地上尽是罪恶，没有尽头。"

这些入侵的喜克索斯人控制了孟菲斯之后，在当地建立起了一个新的王朝，也就是后世所谓的第十五王朝，又按照其统治者的民族而被称为喜克索斯王朝。喜克索斯人并没有将自己的政治制度强加于被他们控制的埃及领土上，而是按照古埃及人的政治制度，维持了原本由国王、宰相、财政大臣等组成的古埃及官僚体系，并任命了不少向他们效忠的古埃及人来担任官员，甚至出现过喜克索斯人和埃及本地人分别担任上下埃及的财政大臣，并代表国王"向上下埃及征收赋税"的情况。

反抗喜克索斯人的古埃及士兵

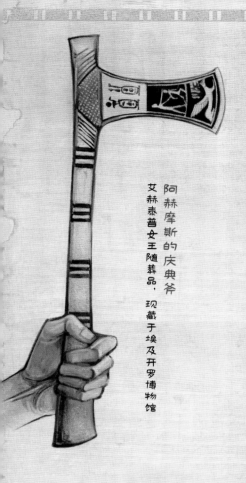

阿赫摩斯的庆典斧

艾赫泰普女王随葬品，现藏于埃及开罗博物馆

喜克索斯人不仅继承了古埃及人的政治制度，同时还积极地接受古埃及的文化，他们学习古埃及的圣书文字，国王们使用古埃及王名，接受古埃及的宗教信仰（例如他们选择崇拜很少有埃及本地人崇拜的赛特），建造古埃及风格的神庙和雕像，甚至连他们的印章都采用古埃及风格的圣甲虫图案。

喜克索斯人一方面积极地将自己融入埃及本土文化，另一方面也将西亚地区的先进技术带到埃及来，例如后来被古埃及人广泛使用的马拉战车、以青铜剑和盔甲为代表的青铜铸造技术以及复合弓为代表的材料技术就是在这个时期传入埃及的，很快被古埃及人用于一系列战争之中。同时喜克索斯人也带来了西亚地区的宗教和艺术，可能是为了更好地融入古埃及人的信仰体系之中，喜克索斯人将一些西亚地区崇拜的神和埃及本土的神建立联系，例如赛特就被和西亚地区的风暴之神巴尔等同起来。

喜克索斯人对古埃及人的一系列怀柔政策确实起到了一定的民族融合作用，但埃及本地人表面上接受其统治，内心还是将他们视为"可恶的亚洲人"，并且积极参与了后来的反抗喜克索斯人的战争。

喜克索斯人进入埃及之后，原本统治埃及的第十三王朝很快就灭亡了，而分裂的第十四王朝由于早已臣服于喜克索斯人建立的第十五王朝而又持续存在了三十多年，最终也被第十五王朝吞并。而在阿拜多斯地区则出现了一个由喜克索斯人、古埃及人交替统治的政权，也就是被称为第十六王朝的地方政权，它可能是被第十五王朝的喜克索斯国王扶持建立的附庸政权，用来统治中埃及地区并协助第十五王朝对上埃及的征服与开发，因此也被称为小喜克索斯王朝。

而在第十三王朝灭亡的时候，以拉霍特普为首的一部分王族退回到了底比斯地区，并在此建立了和第十五、第十六王朝并立的第十七王朝，统治着上埃及从厄勒藩丁到阿拜多斯一带的领土，起初他们可能与喜克索斯人保持着较为和平的关系，但随着喜克索斯王朝的势力向上埃及地区不断扩张，双方的矛盾逐渐激化，从此位于底比斯地区的第十七王朝开始积极投身于驱逐喜克索斯人、重新统一上下埃及的战争当中，成为了第二中间期埃及本土势力的中坚力量。

　　第十七王朝对喜克索斯人的反抗要从陶一世执政的时期开始（长期以来，埃及学界一直认为这位塞纳赫特里的名字是陶，因此称之为陶一世，但在2012年3月，卡纳克神庙法国和埃及研究中心公布了古埃及第十七王朝卡纳克阿蒙神庙粮仓的大型石灰石门框上的古埃及圣书文字，上面镌刻着塞纳赫特里的全名，表明其本名为阿赫摩斯，那么他应该被称为阿赫摩斯一世，而他的孙子"阿赫摩斯一世"应该被称为阿赫摩斯二世，第

杀河马仪式

057

二十六王朝的阿赫摩斯应为三世），虽然他在位期间古埃及人和喜克索斯人并没有发生直接冲突，但他将原本只在底比斯有一定影响力的阿蒙神抬高到了和太阳神拉等同的地位，这为后来新王国时期几乎一家独大的阿蒙神信仰奠定了基础，同时也为被崇拜赛特的喜克索斯人统治下的古埃及人提供了一个反抗的精神动力。

陶一世的王后是他的姐妹泰梯舍丽，这位格外长寿的女性在陶一世去世之后，作为王室的长者协助她的子孙们执政，而后又经历了整整持续了三代国王的驱逐喜克索斯人的战争，一直活到了喜克索斯人被彻底驱逐出埃及、古埃及新王国诞生的第十八王朝前期才去世，正因为她坚持抵抗，在后世古埃及人心目中有着崇高的地位，因此得到了"新王国之母"的称号。

陶一世在位时期，下埃及地区第十五王朝在位的国王是阿佩普，这是一位以埃及神话中毁灭宇宙的巨蛇为名的喜克索斯国王。在他执政时期，喜克索斯人的势力正不断沿着尼罗河向南方推进。陶一世去世后，他挑衅性地给继位的陶二世写了一封信，斥责他"底比斯神庙圣池里的河马叫声太大"吵得自己无法安眠，要求陶二世制止它们的叫声。这一方面是对陶二世的故意挑衅，另一方面也有可能是因为喜克索斯人崇拜的赛特神具有河马的形象，而底比斯王朝一直进行的模仿荷鲁斯击败赛特的"杀河马仪式"冒犯了喜克索斯人的信仰。

在泰梯舍丽太后的支持下，觉得自己被冒犯的陶二世下定决心向喜克索斯人宣战，他率领军队沿尼罗河北上，在某个未知地区和喜克索斯人的军队爆发了激烈的战斗，这次战斗的过程不得而知，但结果显然是古埃及人彻底战败——陶二世陷入喜克索斯军队的重围之中，遭到多人近身围攻致死，年仅四十余岁。

陶二世的木乃伊在1881年被发现于德尔巴赫里TT320墓中。由于尸体受损严重，因此木乃伊制作较为粗糙，在他的木乃伊上发现了由斧子、长矛等攻击留下的四十多处创伤，仅头部就多达五处致命伤，他的颅骨被打破、肋骨和脊椎也被打断。

陶二世的王后是他的姐妹艾赫泰普，两人生育了二子三女。陶二世战死后，她作为太后和泰梯舍丽老太后共同扶持陶二世的长子卡摩斯登基成为新的国王，并辅佐他继续向喜克索斯人开战。在驱逐喜克索斯人的战争结束之后，她也因此获得了古埃及最高的军勋章——金苍蝇勋章。在她的墓葬随葬品中，还出土了两柄战斧和两把短剑。

　　根据《卡纳翁书板》的记载，卡摩斯在登基后的第三年在底比斯召集大臣们开会，讨论是否要继续对喜克索斯人的战斗，一部分大臣不赞同他继续与喜克索斯人战斗的计划，但是卡摩斯力排众议，决心"痛击亚洲人并拯救埃及"。

戴着金苍蝇的艾赫泰普

国王赠送『金苍蝇』勋章是一项传统，以奖励勇者

《卡纳翁书板》

底比斯强大的国王卡摩斯,被赐予永恒之生命,慈善的国王,拉神亲自让其成为国王,并赋予其力量。陛下在其王宫中对其随从中的贵族内侍说:"让我看看我的力量能做些什么!一位王子在阿瓦瑞斯,另一个在库什,而我坐在这里与一个亚洲人及一个黑人为伴!每个人都拥有一小部分埃及,同我分割这块土地。我不能经过他的管辖去孟菲斯,埃及之水。但是注意,他占有了赫尔摩波利斯。受亚洲人赋税的掠夺,没有人可以安定。我要与他斗争,我要撕开他的肚子!我的愿望是拯救埃及,痛击亚洲人!

卡摩斯首先将喜克索斯人用于战争的马拉战车、青铜甲和青铜剑引进古埃及军队之中。他先是出兵袭击了位于赫尔摩波利斯附近的城市尼夫鲁什,这里的官员是臣服于喜克索斯人的古埃及人,卡摩斯派遣那支由努比亚人组成的麦德查人卫队向他们发动了进攻,"早晨时我攻击它,毁坏了他们的围墙,杀死了他们的人民",这之后卡摩斯得到了大量的战利品如奴隶、蜂蜜等,并用船向后方运送。

首战获胜的卡摩斯率领军队继续北上,通过尼罗河运送古埃及军队,一直将领土向北扩张到法尤姆绿洲附近。在此期间,卡摩斯首先灭掉了隶属于喜克索斯人的第十六王朝。

埃及学家们对第十六王朝所知甚少,但在2014年,阿拜多斯地区的一座未曾被记录于任何王名表中的第十六王朝国王的墓葬被考古学家发现。这位十六王朝的国王名为塞内布凯,他的遗体完全白骨化,通过病理学研究,人们发现其遗骨上留有18处创口,和之前提到的陶二世一样,都是被多人围攻时用斧子等武器留下的——尤其是他的双腿部位遭受到了武器的多处伤害,说明他是在骑马或立于战车上时,遭到围攻并被打落下来,随后头部遭到多人重击而死,死亡年龄同样在40岁左右,考虑到他的主要对手,这次围攻他的可能就是第十七王朝国王卡摩斯的军队。

卡摩斯的军队一路向北方推进,位于阿瓦利斯的阿佩普国王显然意识到了底比斯王朝年轻国王复仇的决心,面临覆灭危机的他给努比亚地区的库什王国的国王写了一封书信，希望库什能从南方出兵，和喜克索斯人一北一南两个方向夹击卡摩斯的军队。但是这封信最终没能送到努比亚，信使在半路上就被卡摩斯的军队俘虏，而信最终落入了卡摩斯的手中。出于对南方的努比亚地区库什王朝的警惕，卡摩斯的弟弟阿赫摩斯开始加强对南方的监视。

卡摩斯率领军队一路向北挺进，就在他即将彻底击败喜克索斯人并完成复仇的时候，仅仅在位5年的卡摩斯因为疾病或战斗中负伤而死去。卡摩斯没有留下子嗣，他的弟弟阿赫摩斯继承了王位，也就是后来开启了新王国时期、建立了古埃及第十八王朝的阿赫摩斯一世。

与此同时，喜克索斯国王阿佩普因为不明原因死亡，这让喜克索斯人遭受到致命的打击，并逐渐向下埃及三角洲和西奈半岛退缩。继位的阿赫摩斯乘胜追击，最终攻陷了喜克索斯人占领的阿瓦利斯城并将其彻底摧毁，剩下的喜克索斯人则一路败退，沿着他们进入埃及的路线逃回了迦南地区。在埃及地区盘踞了数个世纪、一度几乎统治整个埃及的喜克索斯人彻底被从尼罗河流域驱逐了出去，持续一百多年的战乱终于平定，上下埃及再度统一，古埃及也进入了一个全新的鼎盛时代——新王国。

第十八王朝开国君主阿赫摩斯

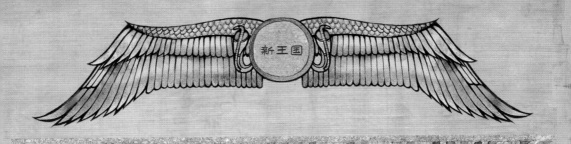

新王国

帝国时代

    随着喜克索斯人的溃退，下埃及三角洲重新回到了埃及本土政权的掌握之中。继承了底比斯第十七王朝王位的阿赫摩斯一世率领军队继续追击向西奈半岛方向逃窜的喜克索斯人，并派遣自己的军队将喜克索斯人盘踞埃及期间留下的城市、神庙、雕像彻底销毁，包括其在埃及建立的都城阿瓦利斯。

    尽管底比斯王朝的王权并没有发生转移，但在后来的历史学者们的划分方式中，都将阿赫摩斯一世视为一个全新时代的开创者。因此，在古埃及的年表中，人们通常将卡摩斯定义为第二中间期的底比斯地方政权，也就是第十七王朝的最后一位国王，而他的继承人阿赫摩斯则被视为古埃及新王国的开创者——第十八王朝的第一位国王。

    阿赫摩斯虽然是在驱逐喜克索斯人战争中成长起来的国王，但他将喜克索斯人驱逐出西奈半岛之后，并没有乘胜追击，而是调转方向，将军队派遣至努比亚地区，这可能是想给努比亚地区的库什王朝一个教训，他们曾经勾结喜克索斯人、试图让古埃及腹背受敌。

在一位与阿赫摩斯国王同名的"船长"阿赫摩斯的军官墓志铭中，我们可以看到阿赫摩斯一世在这次惩罚战争中对库什王国的毁灭性打击。这位"船长"阿赫摩斯一生亲历了第二中间期末与新王国初期几乎所有古埃及对外的重大战争，他第一次参与的战斗就是阿赫摩斯一世率军围攻喜克索斯王朝首都阿瓦利斯城，他在此次战斗中英勇杀敌，得到了阿赫摩斯国王的赏识并荣升为"出现在孟菲斯的人"号船的船长，后

金苍蝇勋章

第十八王朝国王赏赐给勇士的金质勋章

来他又驾驶这艘船和喜克索斯人的船只战斗，因为作战勇敢而得到了国王赏赐的黄金。

船长阿赫摩斯的墓志铭中记载："（阿赫摩斯）陛下杀死这些喜克索斯人之后，向南前进到赫恩特-内夫尔地区，去消灭当地的努比亚人，陛下将他们大肆杀戮……南方的敌人到来，但上埃及之神抓住了他，陛下将他活捉并带走，他和他的人民都成了俘虏……敌人勾结了一群用心险恶的人，但他们的队伍全都被消灭了。"

阿赫摩斯之后的几位国王均对努比亚地区进行了一系列的军事征服（这几次国王亲征所搭乘的船只都是由上文提到的船长阿赫摩斯所驾驶的，他也因此升官并获得大量黄金、奴隶和土地的赏赐），图特摩斯一世甚至活捉了努比亚地区的部落首领，将其倒吊在国王船只的桅杆上一路示众返回底比斯。经过这一系列无情的打击，努比亚地区在之后很长一段时间里都臣服于古埃及的统治，再也没有发生过大规模的反叛。

为了更好地管理埃及艾尔-卡伯地区到努比亚之间由古埃及控制的阶梯瀑布区，古埃及国王在阿尼巴地区设立了专门的"库什总督"。库什总督是一个地位显赫的官职，他

们直接向古埃及国王效忠，并且大多数情况下由子孙世袭，但必须接受国王的任命，他们负责管理古埃及在努比亚地区的驻军，还负责开采当地的重要物资如黄金、香料和木材，并将当地不服管理的努比亚人运往埃及当奴隶。

尽管古埃及人在新王国前期始终没有停止对外征服，但是经过第二中间期的动荡和战火，此时的古埃及百废待兴，古埃及人民渴望稳定繁荣，因此新王国前期的几位国王都将古埃及的经济建设和对外贸易作为执政的重点。

阿赫摩斯一世在位时期，在行政方面，他加强中央集权，把自己的亲信安排到各州担任州长，以此来加强对地方的控制力；在税收方面，他废除了之前喜克索斯人的税收政策，建立了全新的税收体系；在公共建设方面，他积极修复各地混乱时期被破坏的神庙，以及因淤积而堵塞的尼罗河水利灌溉设施，令古埃及的农业和畜牧业得到了恢复和发展。

对地中海沿岸地区的贸易也是在阿赫摩斯一世在位时期得到恢复的，之前由于喜克索斯人和利比亚人对下埃及三角洲和西奈半岛的控制，埃及和西亚地区之间的水路、陆路贸易通道完全被切断，双方的贸易中断了两个多世纪，古埃及人迫切需要的木材、矿物和石材都极难获取。阿赫摩斯一世击败喜克索斯人，夺回西奈半岛之后，埃及与叙利亚、毕布罗斯和克里特岛等地区的贸易路线再次开通，大量贸易物资源源不断地进入埃及本土。

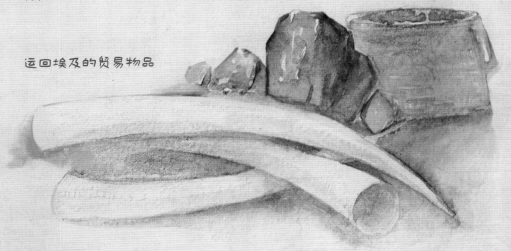

运回埃及的贸易物品

阿赫摩斯一世去世后，继承王位的是阿蒙霍特普一世，他的名字意为"令阿蒙神满意者"，这意味着阿蒙这位原本只在赫尔摩波利斯和底比斯受到崇拜的隐秘之神依靠底比斯王族的崛起，从而正式推行到整个埃及，成为古埃及人广泛崇拜的神，也成为了与早王国时期就广受崇拜的太阳神拉齐名的重要神祇。

主持祭祀阿蒙神的祭司团体就是在这个时期一跃成为古埃及最重要的宗教势力，他们掌控了宗教的解释权，也掌握了大量的神庙、土地和劳动力，反过来又凭借这些去影响古埃及政治，从而登上了古埃及的政治舞台。阿蒙大祭司成为与库什总督势力相当的重要官职，甚至很多时候是由王子担任或宰相兼任。

阿蒙霍特普一世在位时期，除了继续派遣军队征服努比亚和平定下埃及三角洲地区的利比亚人叛乱外，他主要的事迹还有继续兴建卡纳克神庙。卡纳克神庙位于底比斯近郊，以祭祀阿蒙神为主。其中最早的建筑从中王国时期开始兴建，随后经过历代国王的扩建逐渐成为埃及境内最大的神庙，其中第十八王朝进行的一系列大规模修建活动，就是从阿蒙霍特普一世在位时期开始的。

卡纳克神庙
这是现存的第一塔门，摄于 2018 年

国王谷

　　阿蒙霍特普一世的儿子阿蒙尼姆赫特王子少年夭折，因此在他去世的时候没有留下直系继承人，一名底比斯贵族出身的大臣迎娶了阿蒙霍特普一世的妹妹阿赫摩斯公主，并借此继承了第十八王朝的王位，他就是后来的图特摩斯一世。

　　图特摩斯一世继位之后，他一方面继续奉行前代国王们在埃及境内修缮基础设施、疏通古代运河、大力发展经济的政策，另一方面则积极备战，准备向已经溃退至亚洲的喜克索斯人复仇。从他开始，古埃及军队第一次突破了原本位于西奈半岛的东部传统边境线，开始向西亚地区进军。他的军队再一次击溃了喜克索斯人，并一度追击到了幼发拉底河的西岸，为了夸耀自己的功绩，图特摩斯一世在那里留下了一块石碑，上面刻着他将埃及的领土扩张到了太阳所照耀的全部土地上。

　　图特摩斯一世在位之初，就开始筹建自己的墓葬。由于在两次中间期的混乱中，大部分的金字塔建筑被洗劫一空，希望自己能在金字塔中"永存"的国王遭盗墓者毁尸灭迹。图特摩斯一世希望能用更安全的墓葬形式来代替过于显眼的金字塔，为此他派出自己手下正在主持卡纳克神庙建设的建筑师伊涅尼规划设计自己的墓葬。而伊涅尼则选中了卢克索附近的一处陡峭的山谷，在这里挖掘出了一座曲折的地下墓穴作为图特摩斯一世的埋葬之处。之后的众多国王也在这处山谷为自己修建陵墓，从而形成了一直保存至今的帝王墓葬群——国王谷，古埃及人将这里称为"伟大之域"。

图特摩斯一世与阿赫摩斯王后生育了二子二女，其中最知名的就是后来的古埃及女性国王哈特谢普苏特。比较奇特的是，与王子早夭而不得不另选继承人的阿蒙霍特普一

哈特谢普苏特女王
她的雕像面容秀丽，但总是佩戴着男性的胡须

世不同，图特摩斯一世虽然和王后生有两个儿子——瓦吉特摩斯和阿蒙摩斯，但是他并没有指定这两位王子成为王位继承人，反而选定了他和妃子穆特诺夫列特所生的图特摩斯王子继承自己的王位，也就是后来的图特摩斯二世。

由于图特摩斯二世并非嫡出，他在底比斯王族中的地位并不高，为了巩固王位，他迎娶了自己同父异母的姐妹哈特谢普苏特为王后。哈特谢普苏特拥有底比斯王族的直系血统，图特摩斯二世靠她稳固了自己的王位，两人生下了尼夫鲁拉公主。

尽管坐稳了王位，但图特摩斯二世的性格较为优柔寡断，在位期间的表现既不像他的父亲那样积极进取，也不像他的儿子那样英勇善战，并且由于他体弱多病长期无法亲政，因此他在位的绝大多数时间里，代替他行使王权的是王后哈特谢普苏特，而后者也很快代替他坐上了王位。

图特摩斯二世在位时期很少有对外的军事行动，可能只派遣过一部分军队到努比亚进行了军事活动，因此他和哈特谢普苏特女王在位时期，算得上是古埃及新王国早期少有的和平年代。

图特摩斯二世去世后，他原本指定了自己和王妃伊西斯所生的图特摩斯王子担任国王，也就是后来首位将原本代指宫殿的"法老"一词作为国王称号的图特摩斯三世，但是哈特谢普苏特很快就将他架空，她获得了阿蒙祭司的支持，并通过一系列宗教仪式（例如宣称众神为她加冕，已经去世的图特摩斯一世为她加冕等），进而登基成为古埃及新的国王，而图特摩斯三世可能被下放到神庙担任祭司。

哈特谢普苏特在位时期对内积极开展水利建设，使尼罗河灌溉农业得到了极大的发展；对外则保持了图特摩斯二世时期的和平外交政策，派遣船队和周围各地区进行贸易和外交。其中最著名的事迹就是她的船队沿着红海向南，来到了位于现在索马里的蓬特地区，运回了当地出产的黄金、香料、象牙等名贵特产，在她的葬祭殿中，至今可以看到患有肥胖症的蓬特女王和她瘦骨嶙峋的丈夫一同为哈特谢普苏特女王献上贡品的浮雕。

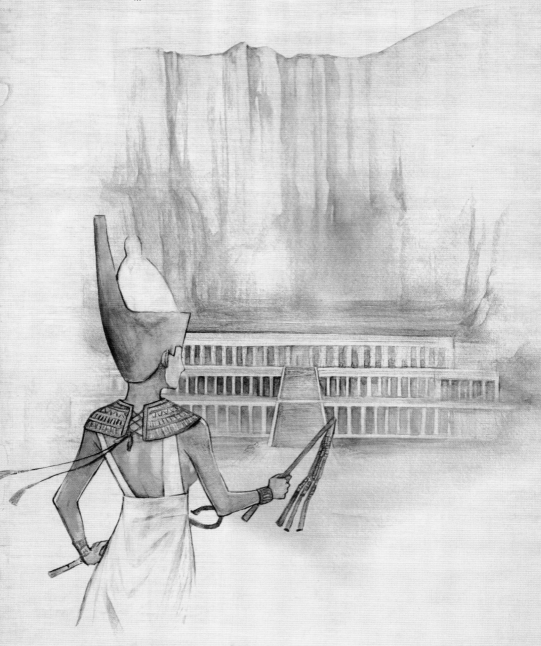

哈特谢普苏特葬祭殿
神庙分为三层，其中的浮雕分别描述了蓬特远行、
王后受孕等场景

森穆特与公主雕像
哈特谢普苏特的女儿坐在其老师
森穆特的腿上

　　哈特谢普苏特统治期间，古埃及国力强盛。女王为自己修建了众多保存至今的宏伟
建筑，例如卡纳克神庙中的一座神殿和附近的两座巨型方尖碑等。而其中由她的宠臣、
建筑师森穆特为她设计并监督建造的葬祭殿尤为壮观，这座神殿位于与国王谷一山之隔
的尼罗河河谷中，与第十二王朝的孟图霍特普二世为自己修建的山谷神庙毗邻——不同
的是，哈特谢普苏特女王的葬祭殿一直保存至今，并因这位伟大的女性国王而闻名遐
迩，而后者早已倾塌成了废墟。

英雄远征

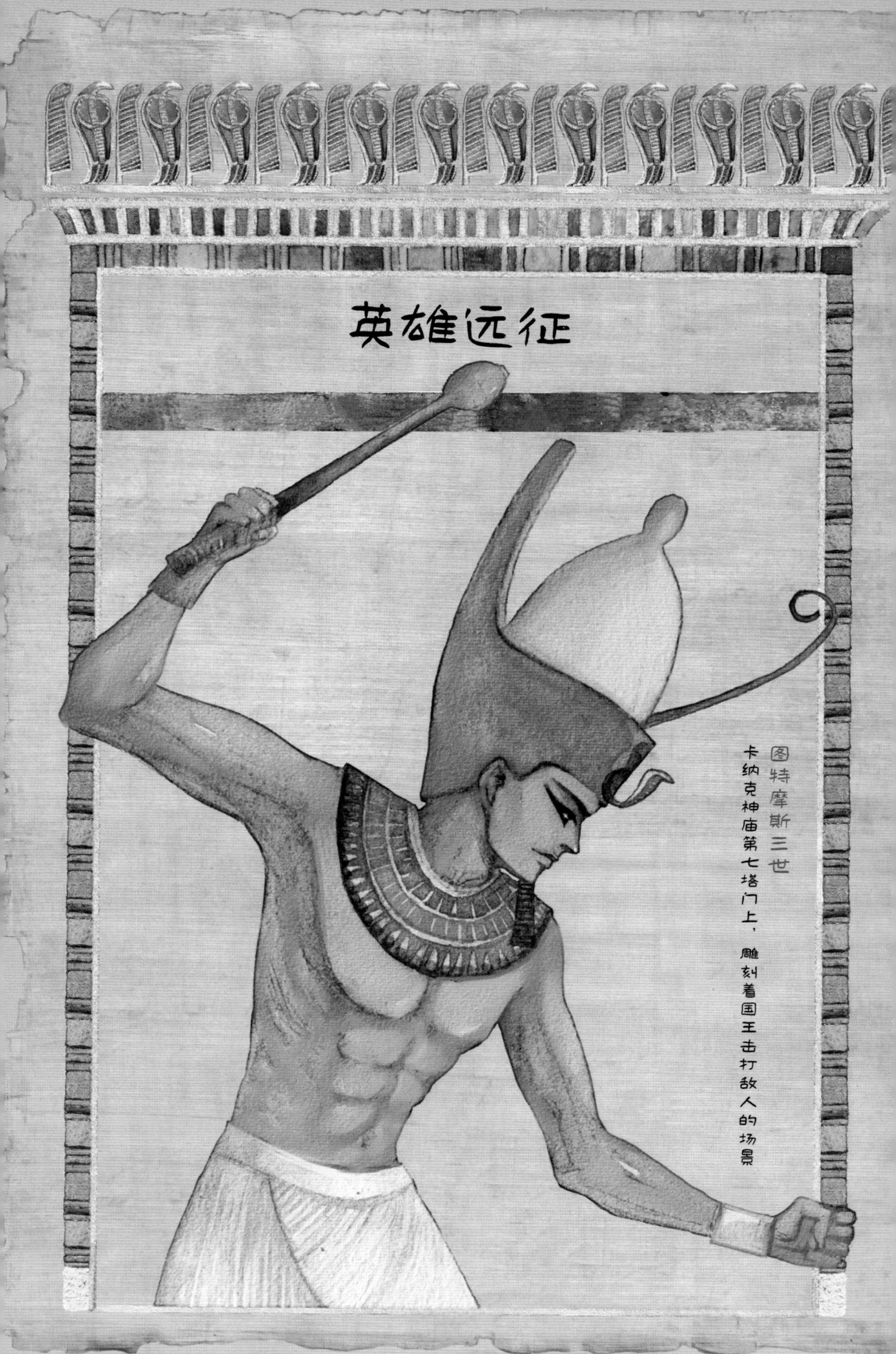

图特摩斯三世

卡纳克神庙第七塔门上，雕刻着国王击打敌人的场景

哈特谢普苏特女王执政二十二年后去世，原本的继承者图特摩斯三世终于从有名无实的困境中解脱出来，得到了亲政的机会。图特摩斯三世究竟和这位嫡母、岳母抑或夺位者的关系如何，如今已不得而知。有的埃及学家认为图特摩斯三世重新登基之后，立刻着手毁掉哈特谢普苏特存在过的所有痕迹和她在建筑物上留下的名字，在一些不便损毁的建筑如卡纳克神庙中的两座方尖碑上的名字则建围墙将其遮挡起来。

但是也有一些埃及学家根据近年来的考古证据（例如保存完好的哈特谢普苏特葬祭殿、哈特谢普苏特墓和高度疑似哈特谢普苏特的木乃伊等）指出，图特摩斯三世和这位嫡母的关系并没有传说中那么差，因此怀疑并没有真的发生过针对哈特谢普苏特的大规模报复行为——更何况图特摩斯三世的第一位王后就是哈特谢普苏特的女儿尼夫鲁拉，作为妃子所生、完全没有底比斯王族血统的图特摩斯三世，正是靠着迎娶尼夫鲁拉公主才坐稳了自己的王位。

图特摩斯三世亲政的时候，看似平静的国内外局势已是暗潮汹涌，由于之前图特摩斯二世和哈特谢普苏特在位期间，古埃及几乎停止了所有对外的军事行动，从南方边境的努比亚，到下埃及西部边境的利比亚，以及东部边境的西奈半岛和地中海沿岸一些已经被古埃及人控制的地区都出现了试图脱离古埃及控制的分裂势力。

就在图特摩斯三世因为边境地区分裂势力的威胁而焦头烂额的同时，一个更危险的敌人正在加快侵略埃及的脚步——胡里安人，这个来自北部美索不达米亚平原地区的游牧民族建立起了一个名为米坦尼的王国。古埃及人第一次注意到米坦尼人是在图特摩斯一世时期，但是随后的发展大大超出了他们的预料——米坦尼人大举入侵巴比伦、击败古亚述，以极短的时间一跃成为了两河流域强大的军事霸主，随后他们开始在西亚地区肆意扩张，而他们想要染指的就是进入新王国时期后一直处于古埃及实际控制下的地中海沿岸。

古埃及对地中海沿岸的控制要从图特摩斯三世的祖父图特摩斯一世开始说起，图特摩斯一世在平定了努比亚地区之后，决定向已经败退到西亚地区的喜克索斯人报仇雪耻，他率领军队抵达尼罗河三角洲，又沿着西奈半岛向迦南地区推进。幸运的是，前文中曾经介绍过的那位与国王同名的"船长阿赫摩斯"此时虽然已经上了年纪，但依旧在军队中服役，作为国王的船长参与了这次对亚洲的远征，通过他的墓志铭文，我们得以知晓这次远征中的种种细节。

（陛下）继续前进到迦南地区（原文Rcnw，指今天巴勒斯坦一带），要在敌人的土地上报复他们。陛下前进到纳赫瑞（"流域土地"，特指幼发拉底河流域地区），发现集结起来的敌人，之后陛下勇猛地杀戮了敌人，并大量俘虏了他们。

我在我们的军队前面，陛下看到了我的勇敢之举。我带回了一架（敌人的）战车，连同拉车的战马和驾车的人一起，我将他们都献给了陛下，并因此得到了双倍的金子奖励。

图特摩斯一世

"……陛下像一只豹子一样愤怒。陛下射箭，他第一箭穿透了敌人的脖颈。"

——船长阿赫摩斯墓铭文

图特摩斯一世击溃了败退到亚洲的喜克索斯人，随后乘胜追击，一路追逐到幼发拉底河的西岸，在这里击败了集结起来的敌人，随后他在当地留下了一块石碑来夸耀自己的功绩。而那位"船长阿赫摩斯"也在这次远征凯旋后结束了自己几十年的军旅生涯，带着他获得的奖赏和奴隶，回到了国王赏赐给他的土地上安享晚年，死后留下了自己的墓志铭并一直留存至今。

击溃了喜克索斯人之后，西亚地区自然落入了古埃及的实际控制范围，但由于图特摩斯二世和哈特谢普苏特奉行的和平政策，古埃及实际上已无力控制离尼罗河谷如此遥远的地区，到了图特摩斯三世正式掌权的时候，米坦尼人的势力已经扩张到了卡叠石一带。

图特摩斯三世登基时从哈特谢普苏特手里接过的就是这样一个内外交困的古埃及，他首先着手稳定内部的局势，这时图特摩斯三世发动了第一次远征，不过这次的远征目标是在已经被古埃及人控制的黎巴嫩地区，很快局部动荡得到了控制，之后第二、第三次远征的目的也都是在埃及境内征收贡赋。就在他着手稳定内部局势的时候，西亚卡叠石地区部落首领多菲斯在米坦尼人的支持下，号称联合了迦南地区330名王公发动叛乱，数万叛军集结在麦吉多城，准备彻底将古埃及势力驱离西亚地区。

面对卡叠石人的率先发难，图特摩斯三世迅速调集军队，开始了他的第四次和第五次远征，图特摩斯三世身边一位名为特贾尼的王室书记官完整地记录了这场古埃及与米坦尼王国支持的卡叠石人之间的战争的全部过程，并将其刻在卡纳克神庙第六门的墙上，这也是人类历史上留下的第一份详细的战争记录。

荷鲁斯：出现在底比斯（Thebes）的牡牛；两女神：永享王业如天上的拉神；金荷鲁斯：强而有力，容貌雍华；上下埃及之王、两地之王：门赫普尔拉；拉神之亲子：图特摩斯，万万岁。

国王下令在他替父亲阿蒙所建的庙宇中记录下他父亲阿蒙所赐的胜利：将每一场战事、国王所带回的战利品以及他父亲拉所赐给他的每一件外邦贡品都记下。

第22年，冬季的第4个月，第25天，（国王经过了）西勒（Sile）的堡垒，是为第一次（讨伐那攻击）埃及边境的敌人的战役。……因为在先前的时候，（由于当地的叛乱）那儿（即巴勒斯坦）的堡垒只能设在沙鲁亨，而从伊尔地一直至地的尽头都有不顺服国王的叛乱。

第23年，夏季的第一个月，第4天，国王加冕庆祝日，抵达了"君王之征服"城，（其叙利亚名为）迦萨。第23年，夏季的第一个月，第5天，精神抖擞，充满力量和正义地离开此地，去摧毁那邪恶的敌人，拓展埃及的边界。他的父亲，伟大而胜利的阿蒙，已经给了他将征服敌人的指示。

第23年，夏季的第一个月，第16天，抵达了耶恩。国王与他的精锐部队举行会商，说："那可恶的卡叠石的敌人现在已经来了，而且已经进入了麦吉多。他联合了所有那些原来效忠埃及的外邦王侯，还有远至那哈林的城邦，包括贺尔和克地的马匹、军队和民众。据说他扬言道：我要在麦吉多等待（并且和国王在此作战）。（现在）告诉我（你们的意见）。

根据上文的时间来计算，古埃及人在离开控制区域进入敌占区之后，在十多天的时间里总共行进了130千米，每天推进的距离只有十多千米，比起从埃及出征时的速度慢了许多，这可能是出于担心受到敌人伏击或者被切断补给线，以及当地山路崎岖的缘故。

而到达麦吉多附近的耶恩之后，图特摩斯三世在这里召集了自己的高级军官进行战前动员，在会议上图特摩斯三世和他的将军们讨论了如何推进到麦吉多城下的行军路线——从耶恩到麦吉多有北、中、南三条路，南北两条路均绕过耶恩与麦吉多之间的山区，比较安全，但路程较远，且易被敌人发觉。中间的一条路，经过一道狭窄的山谷直通麦吉多，是最近也是最危险的路，其中最狭窄的地方甚至只容单人通行，古埃及军队只能排成长列通过，如果敌人在此设伏，被迫拉长阵列的古埃及军队根本无力组织有效的反击，甚至会全军覆没。图特摩斯三世和将军们就路线问题进行了激烈的争执，有关这次战前动员以及战争计划的内容同样被特贾尼记录了下来。

第十八王朝士兵

他们对国王说："如果走上这条越来越窄的路会怎么样呢？据报有许多敌人在路的那头等着。马和人在这条路上岂不都要一个接着一个走？我们的先锋部队还在阿如那等着，无法作战。这里有（另外）两条路。一条在我们的东边，由塔那赫出来。另外一条在杰夫提的北边，我们可以从麦吉多的北方出来。愿我们英勇的国王选择任何一条他认为最好的路。不要让我们走上那条危险的路！"

国王陛下说："我发誓，只要拉神喜爱我，只要阿蒙支持我，只要我仍然能够拥有生命和权威，朕要朝阿如那这条路上去！你们有谁想要走你们所说的那两条路的可以去，想要跟我来的人可以来。否则那些为拉神所厌弃的敌人会说：'国王是不是因为怕我们才走上了另一条路？'"

他们对国王说："愿你的父亲阿蒙、埃及宝座之主、尹培苏的主宰，如你所愿。我们追随国王去你要去的任何地方，像仆从跟随他的主人。"

（国王下令）给全军："（你们勇敢的国王要引导你们）走这条愈来愈窄的路。"（国王起了）一个誓，说："从此地起我决不让（我的军队）走在我前面！"（所以国王决定）他自己走在部队的前面。（每个人）都得知行军的秩序，马匹前后相随，国王在他的部队前头。

第23年，夏季的第一个月，第19天，在阿如那的皇帐中醒来。朕向北开动，我父阿蒙拉，埃及宝座之主在我前面（开道），赫拉克提鼓励（我的精兵的志气），我父阿蒙加强我的臂膀……保护我。

国王领先由通道中出来，他的军队集结成许多团队，（没有遇见）一个（敌人）。敌人的南翼在塔那赫，北翼在奇那峡谷的北方。国王对他们说："……他们要失败了！那邪恶的敌人，……赞美他（阿蒙），国王的力量……（保护了）他的军队在阿如那的殿后部队。"当国王的殿后部队仍然还在阿如那时，前锋部队已经由奇那峡谷出来，布满了峡谷的出口。

卡纳克神庙图特摩斯三世立柱·纸莎草

然后他们对国王说："看哪，国王已和他的部队出来了，布满了峡谷。愿我们勇猛的国王听从我们这一次的意见。愿我主看顾他的殿后部队。当殿后部队和我们在此地会合之后，我们就可以和那些外邦人作战，就不用再担心殿后部队了。"国王于是在空旷之处暂驻。他坐下来等待他的殿后部队。当最后一个人从这条路出来时，时间已是中午。

　　经过一番激烈的争论之后，图特摩斯三世显然对将领的劝阻感到不满，他发下狠话，认为这些将领是怕死才不敢从这条最危险的路线通过，于是他宣布自己要走在队伍的最前面，带领军队以最快的速度穿过峡谷直抵麦吉多城下。于是图特摩斯三世向军队下达了强行穿过麦吉多峡谷的命令，军队很有秩序地排列成狭长的队伍，向麦吉多峡谷中进发，图特摩斯三世一直走在军队的最前面为军队开路，几个小时后，图特摩斯三世第一个穿过峡谷，来到麦吉多城下，他等在这里，一直到最后一名战士从峡谷中走出，全程历时十多个小时，途中没有遭到麦吉多守军的任何埋伏——敌人根本想不到图特摩斯三世竟然敢从这条路走出来，他们布置在城外的部队甚至还在大路上等着古埃及军队过来。

　　古埃及军队抵达麦吉多附近之后，并没有急于立即向敌人发动攻击，而是在通过山谷之后驻扎下来休息了一晚，并安排了人员警戒，让所有人饱餐和睡眠，以准备第二天和敌人的决战。

　　国王抵达了麦吉多的南方，奇那溪岸边，正是当天的第7个小时。国王的帐篷撑了起来，下令全军"大家注意，准备武器，因为明晨要和那邪恶的敌人作战。"

　　在皇帐中休息。与官员和侍从进餐点。设警卫，对他们说："小心！小心！注意！注意！"

卡纳克神庙图特摩斯三世立柱：莲花

在皇帐中醒来。有人报告："四周安全，南方和北方的军队也一样。"

第23年，夏季的第一个月，第21天，正逢新月庆祝日。国王在天明时动身。下令全军开拔……国王登上金色的战车，身披闪亮的铠甲，像强壮的荷鲁斯，战场的主宰，像底比斯的孟图神，他的父亲阿蒙加强他的臂膀。国王军队的南翼在奇那溪南方的山丘，北翼在麦吉多的西北，国王居中，阿蒙护卫他的身躯，（赛特的）力量充满他的四肢。

于是国王率领他的部队攻击他们（敌人）。当他们看到国王攻向他们，他们就逃回麦吉多，神色仓皇，抛弃了他们的马匹和金银色的战车，以便翻墙逃入城中，因为城中的人已经把城门封闭，从城墙上放衣裳下来将他们拉上去。当那该死的卡叠石和这个城的敌人正在匆忙地给拉上城墙，逃入城内的时候，如果国王的军队不贪心抢夺敌人的财物，他们应该在此时就已经攻下麦吉多了。因为国王的威武穿透了他们的肢体，当他的

逃回城内的卡叠石士兵

王冠向敌人冲去时，他们的手臂就失去了力量。

他们的马匹被逮着，金银的战车很容易地也被掳获。他们的兵士躺在地上，好像网中之鱼，而国王的精兵清点他们（敌兵）的财物。那该死的（敌人）的帐篷也被俘获，有着银子的装饰……于是全军欢呼，赞美阿蒙，因为他在（这天）给了他的儿子（胜利）。（他们赞美）国王，庆贺他的胜利。然后他们献上所夺取的战利品：手掌（古埃及军人以斩断敌人之手为军功）、俘房、马匹、金银打造的战车。

……（然后国王）对他的军队说："干得好！干得好！我的精兵！看，今天拉神决定把（所有的外邦）都放在这城里。既然每一个外邦的领袖都给关在里面，擒下麦吉多就等于擒下一千个城镇！好好干！"……将领们（受命给他们的兵士食物），而且给每个人分配任务。

他们测量了城墙，挖了一道壕沟将它包围起来，又用当地果树的木材建了围墙。国王在城东的堡垒上日夜监视……。此堡垒被称为"围困亚洲人的门赫普尔拉"。国王的营地有卫士保护，命令是："沉着！沉着！小心！小心！"……（对方没人）被允许到此墙之外，除非他是要投降。"

随军的王室书记官将这次战争的发动时间、战争的兵力部署以及战争的经过都详细地记载了下来。战斗选择在一个夏季节日的清晨开始，从峡谷中穿过并集结的古埃及军队兵分三路围攻麦吉多。中间的部队追随图特摩斯三世直抵麦吉多城下，南翼的军队从奇那溪的山丘方向进攻，北翼的军队则从麦吉多城的西北方向展开攻势，三支军队迅速向前推进。这次突然袭击效果显著——当古埃及军队发动总攻击的时候，麦吉多周围的守军丝毫没有准备，当卡叠石人见到图特摩斯三世的军队绕过伏击圈从天而降时，纷纷丢下武器装备慌乱逃窜，甚至连卡叠石王的战车都被丢下，一些敌人甚至吓得动弹不得倒地就缚。

这时候发生了一件图特摩斯三世意料之外的事情——古埃及士兵一看见敌人扔的满地战利品，都放弃乘胜追击残敌而纷纷去抢夺，导致古埃及军队没能立即夺下麦吉多，这一点还是反映出古埃及军队因为长时间未参与战争而缺乏纪律性。图特摩斯三世对此也是无可奈何，书记官的记载是，如果国王的军队不贪心抢夺敌人的财物，他们应该在此时就已经攻下麦吉多了。不过图特摩斯三世并没有因此斥责自己的士兵，而是安排将领为所有战士提供丰盛的食物，并给每一个人都安排了作战的任务。

异国人跪像
匍匐于国王脚下的异国人，浮雕位于卡纳克神庙

因为古埃及军队放弃追击，混乱中逃脱的卡叠石王子也被人用绳索救入城中，面对据城死守的敌人，图特摩斯三世展开了长达七个月的围城。他令人测量了麦吉多的城墙，并沿城布置壕沟和木墙来围困敌人。卡叠石人在七个月的时间里没有得到丝毫补给，不得不打开城门，向图特摩斯三世投降。

以下是这次战争的辉煌战果：

所有国王攻击敌酋及其军队的经历都逐日由将军具名记录下来……它们现在被记录在一张皮卷上，保存在阿蒙神庙中。

于是外邦的领袖们匍匐前来，亲吻土地以示顺服国王的威严，祈求活命，因为国王的力量伟大，（阿蒙）的法力无边……所有投降的首领都贡献了银子、金子、蓝宝石、绿玉石；又有粮食、酒、大小牲畜给国王的部队，其中有一部分在南返时缴出贡献。于是国王替（每一个城邦）指派了新的统治者。

（国王的部队由）麦吉多（带回的战利品的清单）：俘虏，340；手掌，83；马，2041；怀胎母马，191；种马，6……该酋的战车，金制；（麦吉多）王的战车，金制；联军诸王的战车，30；他的部队的战车，892，总共924部。该敌所有的一件上好青铜铠甲，麦吉多王所有的一件上好青铜铠甲；他的部队的皮甲，2000件；弓，502。该敌帐篷中包银木柱，7。国王的军队捕获此城的公牛，387；母牛，1929；山羊，2000；绵羊，20500。

国王后来由雅诺安、伊奴格斯和赫伦克鲁等敌人以及那些曾经对他效忠的城市中所带回的物品清单：他们所有的马利安战士，38人；该敌以及随从他的诸酋子弟，84人；他们所有的马利安战士，5人；男女奴隶及其儿女，1796人；由于饥饿而从该敌营中逃出来者，103人，总共2503人。

又：玉石及金制碗，其他各种器皿……一件叙利亚制大罐。罐、碗、盘、各种饮器、大水壶、刀，1984德奔（Deben，古埃及重量单位）。精制金碟、银碟，966德奔。一座银制塑像……头为金制。人头状把手的拐杖，3把。该敌的以象牙、檀木及香木所造的包金抬椅，6具。垫脚橙，6张。象牙和香木制的大桌，6张。那敌人所有的一张包金黑檀木像，头为蓝宝石制……那敌人的铜器和许多衣物。

田地被划分为单位，指定皇室监督来收割。国王由麦吉多的田里带回谷物的清单：麦子，207300包，此外尚有供给军队的粮食。

这份战利品的清单十分详细，从缴获的武器盔甲到俘虏，甚至包括了从麦吉多城中缴获的家具。但是有两点值得注意，首先是战争时的杀伤和俘虏人数"俘虏，340；手掌，83"可见在古埃及新王国时期的冷兵器战斗中，虽然战斗双方投入的兵力常常过万，但是实际交战中伤亡的人数却很少，这一次麦吉多奇袭战中古埃及军队可统计的直接杀敌数仅有83人，战场上俘虏的敌人却有340名，和前文中提到的"船长"阿赫摩斯一样，古埃及军队的士兵们可以通过抓获俘虏来获得赏金、奴隶和土地。

第二点值得注意的是，图特摩斯三世带回的俘虏中，有很多是卡叠石王及地方部落首领的后代。在之前的战争中，我们经常可以看到古埃及国王将当地人"杀得好像从未存在过一样"的记录，但是图特摩斯三世却将敌人的后代悉数带回，送往各地神庙或工场做仆人。

在图特摩斯三世在位期间的宰相瑞赫米拉位于底比斯的墓葬铭文中，我们可以得知当时的西亚地区向古埃及表示臣服并献上子女的情景。

迦南地区及亚洲北方诸国的王公们和平到来，他们背着贡品，恳求（陛下）给予他们生命的气息并希望臣服于陛下，因为他们已经目睹了陛下的胜利，他们的心里只有对陛下的恐惧。这时，是世袭贵族、神所爱的父亲、两地之主信任的人、宰相瑞赫米拉负责接收来自外邦的贡品。

献上南方诸国王公们的子女，同时献上北方诸国王公们的子女，他们是陛下从外国

图特摩斯三世战胜敌军浮雕
国王抓住敌人头发，高举权标。
浮雕位于卡纳克神庙

带来的最好的战利品，用来填充各地的工场，成为陛下的父亲、两地王座的主人阿蒙神的仆人，以报答他的父亲阿蒙神赐予他统治各外邦，让外邦的王公跪在他的鞋子下……

图特摩斯三世在取得麦吉多之战的胜利之后，在军队中奠定了他的绝对权威，一方面是因为图特摩斯三世个人军事能力强大，另一方面则是因为这一时期古埃及人的爱国热情空前高涨，他们称呼这支反击奴役了埃及上百年的喜克索斯人的军队为"我们的军队"，而不是之前"国王的军队"。

拿下麦吉多城之后，图特摩斯三世将下一步的战略目标选定为整个叙利亚地区，如果能够控制这里，古埃及将掌控从埃及到西亚所有的陆地和海上通道。于是图特摩斯三世开始了他的第六次远征，这一次他占领了卡叠石，整个叙利亚地区都落入古埃及军队的控制之下。

为了确保腓尼基地区的港口安全，图特摩斯三世又进行了他的第七次远征，为此图特摩斯三世建立起了人类历史上最早的海军，他们用大船运载士兵跨海作战，或使用弓箭进行水上夺船战斗，夺取了当地所有的港口，此时的地中海东南沿岸已经全部成为了古埃及的势力范围。

随后图特摩斯三世以叙利亚为远征基地，开始了第八次远征，这次古埃及军队一路向东推进，直接和米坦尼王国军队爆发了几次激烈的战斗，这些战斗的细节已无从得知，但结果显而易见，古埃及人大获全胜，米坦尼军队连战连败，被迫撤出占领的西亚地区，像当年的喜克索斯人一样向幼发拉底河溃退。

图特摩斯三世则如同祖父图特摩斯一世那样率领军队一路追击到幼发拉底河，这是他的第九次远征。为了超过自己的祖父，他甚至在当地造船，载着军队横渡幼发拉底河来到东岸（有意思的是，古埃及人发现了幼发拉底河与尼罗河的流向截然相反，因此他们称之为"逆流的河"），并在这里彻底击溃米坦尼军队，米坦尼不得不主动向他求和，愿意像麦吉多和卡叠石一样向古埃及表示臣服。为此图特摩斯三世效仿图特摩斯一世在幼发拉底河西岸立下纪念碑之举，在旁边也立下了一块自己的纪念碑。

虽然米坦尼向古埃及表示臣服，但最初这种关系并不稳固，很快米坦尼人再次反叛，图特摩斯三世为此发动了第十次远征，又一次击溃米坦尼，经过第二次打击之后，米坦尼人终于老老实实地臣服于古埃及，再也没有发生过反叛。甚至在图特摩斯三世去世后，米坦尼人向他的继承人阿蒙霍特普二世提议联手对抗北方的新兴国家——赫梯，也正是从阿蒙霍特普二世在位时开始，古埃及人再也没有将米坦尼人称为"敌人"，而是用比较中性的"西亚人"来称呼他们。

图特摩斯三世对西亚各国的征服也为古埃及带来了惊人的财富，在图特摩斯三世时期的阿蒙祭司孟凯普拉-塞纳布墓的铭文中，我们可以看到图特摩斯三世将掠夺来的一部分财富当做对阿蒙神的祭品献给了神庙。

对您的畏惧遍布于外国，您已经横扫米坦尼，使他们的城市荒废……各国王公赞颂两地之主，亲吻活着的神脚下的地面，他们背着当地产的各种各样的贡品：金银、天青石、玳瑁及各种贵重石材，乞求陛下赐予他们生命的气息。

图特摩斯三世随后的几次远征没有再向外扩张，几乎都是在各地平定叛乱或掠夺财物，一直到他七十多岁的时候还进行了最后一次也就是第十七次远征。到此为止，他用了二十多年进行的十七次远征全部以胜利告终，为古埃及奠定了最大的版图——北至安纳托利亚，东至幼发拉底河，南至努比亚，西至利比亚。而无论是蓬特还是塞浦路斯，甚至是当时强大的米坦尼和赫梯都向图特摩斯三世和他一手缔造的强大帝国表示臣服。

图特摩斯三世雕像
这座雕像在麦地那工匠村出土，国王手捧祭神的容器

一神改革

纳芙提提驾车浮雕

在这幅浮雕中，纳芙提提像国王一样驾驶着战车

图特摩斯三世一生多次对外远征，他从各地掠夺来的巨量财富让古埃及的国力空前强盛，作为"阿蒙神之子"的图特摩斯三世将这一切归功于他的"父神"阿蒙的庇护，因此他每一次远征胜利归来，都会将一部分战利品如金银、奴隶、牲畜奉献给阿蒙神庙，同时还将肥沃的土地赏赐给神庙中的祭司。其中在他的加冕典礼上赠送给阿蒙神庙多达2800斯塔特（古埃及面积单位，1斯塔特约等于2833平方米）的土地，而他首次远征归来时，又向阿蒙神庙贡献了1578名叙利亚奴隶和叙利亚的三座城市。这无疑是一项巨额的财富，掌握着阿蒙神庙财产的祭司团体很快就成为了这个国家最富裕的团体之一。

　　除了巨额财富之外，阿蒙祭司们早已通过掌握宗教解释权和传达神谕的方式来干预国家事务。例如图特摩斯二世去世之后，哈特谢普苏特得到了阿蒙祭司们的支持，制造出了一份声称她是"阿蒙神之女"的神谕（这份神谕后来被制作成浮雕，铭刻于哈特谢普苏特神庙的墙壁上），因此她才得以顺利登基成为国王，先后有两位阿蒙高级祭司在她任期内担任宰相一职。

　　图特摩斯三世登基时同样争取到了阿蒙祭司的支持，祭司们在公众面前展现了阿蒙神的太阳船多次在图特摩斯三世面前停留的"神迹"，这才帮助图特摩斯三世夺回王位。因此图特摩斯三世更加不吝于回报这位"父神"的恩惠。

图特摩斯三世的继承人阿蒙霍特普二世在位期间依然保持着对外军事高压政策，先后发动了三次远征，从西亚地区和努比亚掠夺了大量财富。作为连名字中都带有阿蒙之名的国王，他同样将大量财富和土地献给了阿蒙神，拥有了大量附属土地和奴隶的阿蒙祭司团体的势力更加稳固和强大，在世俗王权上也有了更大的野心，经常做出干涉国王决策的举动。

　　阿蒙霍特普二世的继承人是由王妃所生的图特摩斯四世，他曾经作为军事将领征服了努比亚地区。阿蒙霍特普二世去世的时候，他并不一定是最合法的继承人，甚至有的埃及学家认为他夺取了兄长的王位，为了强化自己继承王位的合法性，他假托在自己还是王子的时候曾经到吉萨地区狩猎，在被风沙掩埋到脖子处的狮身人面像附近休息时做了一个梦，梦中狮身人面像对他说如果他能清除黄沙并进行修复，他将戴上王冠成为下一任国王，于是等他醒来的时候，派人清除了狮身人面像周围堆积的沙子。他在狮身人面像两只前足间的空地上立了一块记梦碑来记录此事，这块记梦碑一直保存至今——不过从碑文上的记载可以看出，这是他登基之后才立下的碑文，而其目的就是通过神谕来诠释自己王位的合法性。

　　图特摩斯四世在位的第一年，泛滥季第三个月，第19天，愿国王像拉神一样永远长寿、富有和健康。

　　不过值得注意的一点是，图特摩斯四世在记梦碑的铭文中并未将自己的王位合法性与当时广受崇拜的阿蒙神联系起来，而是将保护自己王位的众神视为亚图姆、拉与荷鲁斯这几位古老的太阳神，这无疑是一个相当挑战当时传统的行为。

　　这位仁慈之神，亚图姆之子，万物之主的化身，太阳神拉创造的君主，他的优秀继承人，像他父亲一样有着俊美的面孔，他头上有荷鲁斯的形象，装备完美……亚图姆亲生之子图特摩斯，荷鲁斯王位的继承者，愿神赐予他生命。

图特摩斯四世在位时间仅有九年，但却是一位相当叛逆的国王，他改变了之前国王迎娶自己同为王族的姐妹们为王后的传统，迎娶了来自米坦尼的公主，通过这一联姻来加强古埃及与米坦尼的联系，以共同对抗北方兴起的赫梯帝国的威胁。而且他也曾经选择崇拜由他的祖父图特摩斯三世从古代众神中捧起来的阿顿神，在一块图特摩斯四世时期的圣甲虫印章上，阿顿神被作为他向西亚进军时的引路神。王室对阿顿神的崇拜从图特摩斯四世时就已经有了初步的苗头，不过这时的阿顿神还没有获得像之后那样拥有独一无二的崇高地位。

图特摩斯四世与记梦碑

阿蒙霍特普三世是图特摩斯四世与那位米坦尼王后的儿子，可能也是第一位具有米坦尼血统的古埃及国王。经过了图特摩斯三世、阿蒙霍特普二世等人连续的征服，他接手的古埃及已经是一个极尽繁荣的地区性大国，不再需要通过战争来确定国家的威望，因此阿蒙霍特普三世在位期间，古埃及大部分地区都处于和平稳定的状态。

对内方面，他将大量的人力物力投入到大型建筑尤其是王宫和神庙的建设之中，例如他在底比斯对岸的马拉卡塔平原修建了一座名为"涅布马拉之屋为阿顿之光"的大型宫殿群，除了南北向排列的三座宫殿之外，建筑群中甚至还包括了一座阿蒙神庙和一处宽365.7米、长500米的人工湖——哈布湖。这座宫殿被以阿顿神的名称命名，可以看出在阿蒙霍特普三世时期，已经有了将阿顿神的地位提升，借此来对抗阿蒙神崇拜的意味，可惜此时阿蒙祭司团体的势力正如日中天，单凭国王本人的意愿根本无法动摇。

在王宫以北地区，他还为自己修建了一座比哈特谢普苏特葬祭殿更大的葬祭殿，宣称其全部用金银装饰，可惜的是，十九王朝的美伦普塔赫国王将这座奢华的葬祭殿完全拆除，用它的石材去修建自己的神庙，只留下了两座斑驳的阿蒙霍特普三世巨型雕像矗立在尼罗河边，也就是今日著名的古代雕像"门农巨像"。

阿蒙霍特普三世的"门农巨像"
摄于 2018 年

阿蒙霍特普三世是一位生活十分奢靡同时又热衷于展现自己能力的国王，除了著名的泰伊王后之外，他还迎娶了至少两名米坦尼公主、两名巴比伦公主、阿尔萨瓦王公的女儿和叙利亚公主在内的十多名王妃，同时王宫中还有其他数百名美女。他在上下埃及的许多城市为阿蒙和荷鲁斯都建造了神庙，用大量金银来装饰它们，同时还喜欢在各地狩猎野牛、狮子等猛兽并以此为乐，并且在他年长体弱时，还不忘在七年里召开了三次塞德节庆典活动，向公众展示自己"健康的体魄"。

　　对外方面，作为米坦尼王后的儿子，以及通过联姻等方式，他统治下的古埃及与米坦尼保持着友好的关系，共同对抗来自北方赫梯王国的军事压力，但是这种平衡很不幸地在他执政的晚期被打破——米坦尼王国发生了内乱，本来应该继位的王子被杀，而杀死他的凶手不久又被另一位王子杀死。虽然双方很快又恢复了正常的交往，但是将米坦尼人视为"敌人"的言词再次出现在阿蒙霍特普三世晚期的铭文当中，并多次提及国王打击驱逐米坦尼人的事迹，这可能是双方的关系恶化的具体体现。

　　阿蒙霍特普三世的王后泰伊是一位颇为传奇的女性，也是古埃及著名的"平民王后"。她虽然出生于埃及中部地区艾赫米姆，但她的父母尤亚和图育可能是来自叙利亚地区的亚洲人，她的几位兄弟里包括安恩与阿伊，前者是阿蒙霍特普三世与他的继承人阿赫那顿时期的大臣，而后者则是图坦卡蒙去世后继位的国王。

　　泰伊在12岁时嫁给阿蒙霍特普三世并成为他的王后，并在其任内始终作为他坚强的后盾，她不仅在治理国家方面为阿蒙霍特普三世出谋划策，同时她大力支持阿蒙霍特普三世对阿顿神的崇拜。泰伊因此很受阿蒙霍特普三世的宠爱，前文中提到的人工开发的哈布湖就是阿蒙霍特普三世下令为她而修建的。

　　而泰伊的叙利亚血统也为古埃及人和米坦尼人之间建立起了一座友好交流的桥梁，不论是阿蒙霍特普三世还是阿赫那顿在位时期，在泰伊王后的主持下，双方的外交关系基本上稳定——即使在阿赫那顿几乎和米坦尼完全断绝关系的时候，米坦尼人依然派遣使者来朝见这位当时的王太后，希望看在他们多年的友谊上恢复原本的和平外交关系。

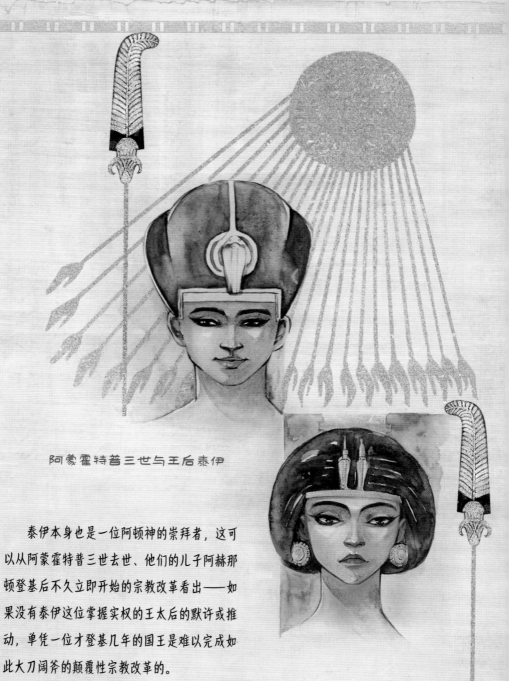

阿蒙霍特普三世与王后泰伊

　　泰伊本身也是一位阿顿神的崇拜者，这可以从阿蒙霍特普三世去世、他们的儿子阿赫那顿登基后不久立即开始的宗教改革看出——如果没有泰伊这位掌握实权的王太后的默许或推动，单凭一位才登基几年的国王是难以完成如此大刀阔斧的颠覆性宗教改革的。

　　阿蒙霍特普三世和泰伊有两个儿子，其中长子图特摩斯王子早逝，次子阿蒙霍特普继承了其父的王位，即阿蒙霍特普四世——

在他登基后第五年，就弃用了这个名号，与干涉王权的阿蒙祭司集团彻底决裂——他以阿顿神的名义改名为阿赫那顿（意为"阿顿光辉的灵魂"），并宣布从阿蒙祭司掌控的底比斯迁都至中埃及地区，在这里营建了一座新的都城——阿玛尔纳。

成功迁都阿玛尔纳之后，阿赫那顿立刻展开了对阿蒙祭司团体无情的打击，阿蒙祭司们被大规模屠杀，和阿蒙崇拜有关的仪式全部被废除，神庙中和阿蒙相关的符号也被清

阿蒙霍特普四世／阿赫那顿

除。由于后来国王们的刻意抹除，关于这段历史几乎无据可考，仅能从阿玛尔纳宗教改革时期流传下来的宗教文献中一窥当时的状况。

阿顿本是一位最早出现于古王国时期的传统太阳神，和拉、荷鲁斯这些知名的太阳神不同，阿顿仅仅在部分地区受到了很短时间的崇拜，没过多久就被其他广受崇拜的众神盖过了风头，变成了古埃及数量众多、默默无闻的普通神祇中的一员，直到图特摩斯三世将对它的信仰重新强化才再次出现在新王国时期的古埃及人面前。

作为围绕着太阳的日晕的神格化，阿顿本身不具备其他古埃及神那样人身兽首的拟人化造型，它的形象是一圈围绕着太阳向四周伸出的密集人手，这可能是对日晕周围条状太阳光线的形象描绘，在阿玛尔纳时期的宗教壁画中，我们经常可以看到这样伸出无数手臂的阿顿神接受阿赫那顿等王室成员的膜拜。

在阿赫那顿发起的宗教改革
的初期，阿赫那顿并没有像对付
阿蒙神和阿蒙神的祭司团体那
样对其他神进行毁灭性的打击，
赫利奥波利斯地区的太阳神拉依
旧被写在阿赫那顿自己的称号之
中，王冠上的秃鹫和蛇标这两件
上下埃及两女神的象征物也依然
保留着，受到影响的可能只有冥
神奥西里斯和与他有关的信仰，
在那一时期的古埃及墓葬中，所
有和冥界审判相关的元素都消失
不见，"死者审判""死者之
书""冥界生活"等宗教内容的
壁画被反映现实生活、死者生前
经历、歌颂阿顿与阿赫那顿的壁
画所代替，甚至连用来保护死者
木乃伊的圣甲虫护身符上的咒语
铭文都被取消了。

随着泰伊王太后于阿赫那顿
在位的第十二年去世后，阿赫那
顿的王权更加集中，他的宗教
改革也逐步深化，更多的神被禁
止崇拜，他们的神庙被关闭或摧
毁，他们的祭司被流放或处死，

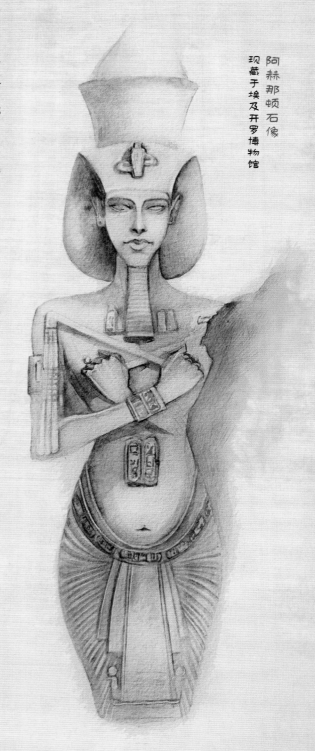

阿赫那顿石像
现藏于埃及开罗博物馆

对阿顿神的崇拜更加极端化。关于阿赫那顿这一时期对埃及各地神庙的摧毁状况，可以从后来霍伦海布对埃及各地神庙的修复记录中看出。

　　……现世的统治者，为其父神阿蒙及众神们行善，他使被毁坏的不朽纪念物重新长存于世……当陛下作为国王出现的时候，从厄勒藩丁到三角洲湿地的众神庙宇都已经变成碎片。众神的神庙荒废为土丘，长满杂草，仿佛从来没有存在过一样，神庙的大堂变成人人行走的道路。

　　在泰伊王太后去世之后，陪伴在阿赫那顿并协助他继续进行改革的是他的王后纳芙提提（Nfr.t-jy.tj，意为美人来临），她可能是后来的国王阿伊和其第一位妻子路伊的女儿。她作为阿赫那顿后期宗教改革的支持者，因此被提高到几乎和阿赫那顿本人同样崇高的地位上。她和阿赫那顿共同生育了六个女儿，其中次女、四女、五女和六女并无什么重要事迹，而他们的长女美丽塔提后来嫁给了继任的国王斯门卡拉，三女安可苏娜蒙则嫁给了阿赫那顿的儿子图坦卡蒙，亲身参与了阿赫那顿去世后风谲云诡的宗教、政治斗争。

纳芙提提头像

阿玛尔纳石碑
阿赫那顿逗弄女儿，另两个
女儿坐在王后纳芙提提身上，
石碑现藏于埃及开罗博物馆

在阿赫那顿执政的后期，他的王后纳芙提提不再被记录，结局也不得而知，这一时期的宗教改革也受到了不小的阻力。一方面这种由上至下、靠着王权强制推行的宗教信仰无法真正动摇原本自下而上的宗教信仰的根基；另一方面现世中广泛受到信仰的众神被禁止，与死后葬丧文化相关的信仰又被取消，在哲学思想不发达的古埃及，这样令中下层的古埃及人生前死后都无法安宁的举措，自然引起了极大的恐慌。再加上阿赫那顿宗教改革是为了对抗阿蒙祭司等上层贵族势力，大力扶持被称为"涅木虎"的中下层奴隶主贵族，这自然触犯了上层贵族的利益。在阿赫那顿宗教改革晚期和他死后，这些涅木虎阶层在上层贵族的疯狂报复中遭到了沉重的打击，以至于霍伦海布不得不颁布保护涅木虎阶层的法令。

图坦卡蒙

阿赫那顿去世之后，随后的斯门卡拉、图坦卡蒙和阿伊在位时间都很短，期间又被当时的权臣霍伦海布架空，阿赫那顿发起的宗教改革再也无法继续推进下去，到了图坦卡蒙在位中期，在霍伦海布的控制下，他被迫重新迁都回到底比斯，并宣布结束阿赫那顿发起的宗教改革，恢复原本的阿蒙神信仰，而阿顿神则像之前的阿蒙那样，被彻底从古埃及众神的体系中消除，与它有关的神庙、壁画，连同新建成没有多久的阿玛尔纳城一起遭到了彻底的摧毁。

在阿伊短暂的两年统治之后，把持着军权的霍伦海布登上了王位，成为第十八王朝的最后一位国王。因为之前赫梯王国派来联姻的王子在半路上被杀，引起了赫梯人的愤怒，所以霍伦海布开始积极向西奈半岛派兵，与刚刚消灭了米坦尼王国的赫梯人对抗。

从此刻开始，古埃及与赫梯这两个当时北非、西亚地区最强势的国家之间，一场争夺西亚地区霸权的残酷战争即将拉开帷幕。

纳芙媞媞

卡叠石之战

拉美西斯二世驾车浮雕

『拿起武器、披上铠甲，犹如展现力量的赛特。』

来自阿布辛贝勒神庙

赫梯王国于公元前20世纪初具雏形，经过数百年的发展，在公元前17世纪时一跃成为小亚细亚的地区性强国，并于公元前16世纪初大举进攻并灭亡了古巴比伦第一王朝，这一举惊动了正在西亚地区激烈交锋的古埃及与米坦尼。

　　面对来自北方的赫梯人带来的威胁，古埃及与米坦尼选择结盟共同对抗赫梯，在这一时期，古埃及、米坦尼联盟稍占优势，进攻并占领了一些赫梯城市，而赫梯则面临来自两国的合力攻击，几乎处于亡国灭种的危机之中。

　　就在赫梯生死存亡之际，王子苏皮卢利乌玛杀死被指定继位的王子篡位登基，在他的统治下赫梯重新崛起，他稳定国内局势后，又率领军队向南，击溃了古埃及与米坦尼扶持的叙利亚联军，占领了大部分叙利亚地区，随后又趁着古埃及处于阿赫那顿宗教改革的混乱中无暇东顾之际，与日渐衰落的米坦尼王国爆发战争，让这个一度成为西亚地区霸主的米坦尼王国彻底灭亡。

　　此时，赫梯并没有直接和古埃及发生冲突——虽然阿赫那顿的宗教改革给古埃及的国力造成了沉重的打击，但是由于之前图特摩斯三世等国王的发展和积累，此刻的古埃及依然是北非西亚地区最强大的国家，赫梯和古埃及之间保持着对峙的态势。

　　就在这时，一场风谲云诡的谋杀案彻底打破了脆弱的和平——因为这场谋杀的对象不是别人，正是赫梯国王苏皮卢利乌玛的次子赞南扎王子，而他是在从赫梯前往埃及的路上遭到不明身份的人围攻而死的。

赞南扎王子前往埃及的原因是当时已经去世的国王图坦卡蒙的寡后安可苏娜蒙用Dahamunzu（即赫梯语"国王之妻"）的名义向赫梯国王写了一系列求援的信件，其中一封信件中表示希望赫梯国王派一位王子到埃及来和她成亲并借此继承古埃及的王位。起初苏皮卢利乌玛还对此表示怀疑，但安可苏娜蒙随后的回信还是打动了他，他答应派出赞南扎王子动身前往埃及成亲。

　　这封打动赫梯国王的信件的全文被苏皮卢利乌玛的幼子穆尔西里二世记录了下来："埃及女王在泥板上这样给我的父亲回信写道：你为什么说'他们要构陷于我'？我要是有孩子，我会把我自己的以及我国家的耻辱写给其他国家？你不相信我就算了，还给我说那样的话，那是我的丈夫，他现在死了！我又没孩子，我可不愿意嫁给我的仆人并让他做我的丈夫，（除了赫梯）我没给其他国家（和）任何人写信，他们总说你有很多孩子，给我一个你的孩子，让他做我的丈夫，并且他会成为埃及的国王！"

　　这封信显然写于图坦卡蒙刚刚去世，大臣阿伊准备通过和寡后安可苏娜蒙成亲来获得成为国王的资格的时候，而此时赫梯人正在围攻米坦尼王国最后一座城市卡契美什。阿伊身为历代老臣，掌握着庞大的政治势力，而此时正在叙利亚前线和赫梯人对峙的霍伦海布则掌握着古埃及的军权。

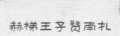

赫梯王子赞南扎

安可苏娜蒙

阿伊的年龄和辈分都比安可苏娜蒙要大得多，从书信中的措辞来看，显然安可苏娜蒙并不喜欢甚至厌恶他，更不愿意和他成亲让他成为国王。不过安可苏娜蒙既没有军权也没有政治地位，她只能向西亚地区唯一和古埃及实力相当的赫梯国王求助，希望能找一位赫梯王子来和自己成亲并继承王位。

可这位前往埃及的赞南扎王子却在路上被人谋杀了，关于围攻赞南扎王子的真凶至今仍是埃及学界的争议话题之一，主要被怀疑的对象正是当时正要迎娶安可苏娜蒙并继位的阿伊，和正在叙利亚前线与赫梯人对峙的霍伦海布两人。不过阿伊作为真凶的动机更为明确，毕竟他才是这次赫梯王子之死的直接受益者——之后他立刻迎娶了安可苏娜蒙并登基成为国王，他登基不久后，安可苏娜蒙就失去了记载，很可能在这时就已经死亡。

安可苏娜蒙头像

赫梯王室印章

而霍伦海布的动机则相对较小，前不久才在叙利亚的阿姆卡地区被赫梯军队击败过一次的他很清楚赫梯王子的死会导致怎样的后果。正如后来所发生的那样，赫梯王子的死讯传回赫梯，国王苏皮卢利乌玛大怒，古埃及与赫梯之间不可避免地爆发了一场大规模的战争——赫梯军队在西亚地区以压倒性优势再次击败霍伦海布率领的古埃及-叙利亚军队，大量古埃及和叙利亚俘虏被带回赫梯，这些带着伤病的俘虏来到赫梯首都之后，在当地引发了一场大规模的瘟疫，赫梯国王苏皮卢利乌玛和他的几位王子也都先后染疫病亡，他最小的儿子穆尔西里二世登基成为新的赫梯国王。

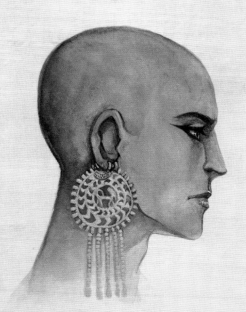

霍伦海布的头像
他佩戴着形似阿赫那顿狮身人面像的耳环

穆尔西里二世试图通过向神庙祈祷的方式消弭这场几乎蔓延至整个赫梯王国的瘟疫，与此同时，在北非的埃及，掌握重兵的将军霍伦海布取代了登基不久的阿伊成为国王。

霍伦海布一方面积极废除之前几任国王在宗教上的变革，抹消他们存在的痕迹。在恢复阿蒙神崇拜、消除阿顿神崇拜的同时，也将阿赫那顿、斯门卡拉、图坦卡蒙和阿伊等国王从王名表上去除，连同记录他们在位时期事迹的建筑、雕塑、壁画也被摧毁，而阿赫那顿建立的都城阿玛尔

坐在轿子上的霍伦海布

塞提一世

他的名字来源于赛特神

纳更是在短时间内被夷为平地；另一方面，霍伦海布也积极投入恢复古埃及的经济建设，训练因为长时间动荡而涣散不堪的古埃及军队，为和称霸西亚地区的赫梯王国的大战做准备。他在位时期，由于赫梯王国瘟疫蔓延的缘故，双方只在实控边境线上发生了几次小规模的战斗，霍伦海布或许取得了一定的胜利，并短时间占领了一些城市，但是很快又被赫梯夺回。

同时期的穆尔西里二世除了忙于应对瘟疫和在西亚地区活动的古埃及军队外，还要提防正在两河流域逐渐崛起的亚述人。

由于霍伦海布没有留下被记载的子嗣，因此霍伦海布手下最为器重的将军、同时也是他的女婿的拉美西斯成为了他的王位继承者，后世将这位新国王拉美西斯一世以及他的后代视为古埃及第十九王朝的统治者。

拉美西斯一世登基的时候年龄已经很大了，他在位不到两年的时间，因此这一时期对赫梯人控制下的叙利亚地区的战争很可能是由他的儿子塞提——也就是随后继位的塞提一世来指挥的。

早在霍伦海布在位时，塞提就曾以宰相的身份来到下埃及的塔尼斯城参加当地建城四百周年的庆典。身着西亚服饰的他参加了祭祀赛特神的活动——在喜克索斯时期，赛特神和西亚的巴尔神融合，成为在当地广受崇拜的神，在第十九王朝，包括塞提一世在内有两名国王以赛特为名。

穆尔西里二世

塞提在拉美西斯一世还是将军的时候就在他的部队里服役，是一位很有军事才华的年轻将领，在一块出土于巴勒斯坦贝桑地区的玄武岩石碑上的《塞提一世的亚洲战役》铭文，就记录了他登基不久亲自率军远征西亚地区的情况。

……（国王）冲入大群的亚洲人当中，令他们投降，镇压了瑞柴努（即今巴勒斯坦、叙利亚一带）当地的王公们，胆敢阻挡他前进的敌人都被斩尽杀绝，迫使哈汝（即今叙利亚）的王公们败逃……

根据同一块铭文上的记载，在这次战役中，塞提一世派遣了一支精锐部队，凭借战车的高速和机动性打了一场堪称世界上最早的"闪电战"，这次战斗的双方是古埃及与当地臣服于赫梯人的众多王公。

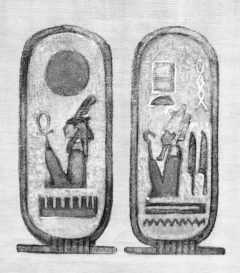

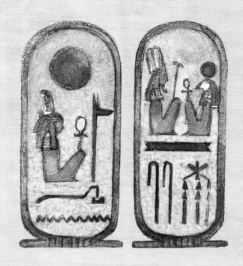

塞提一世王名圈　　　　　拉美西斯二世王名圈

第十九王朝的古埃及士兵

来自阿布辛贝勒神庙浮雕

当日有人向陛下禀报："哈玛特城的顽敌正在召集部队，准备夺取贝桑，而帕赫勒城的敌人将会与他结盟，去阻止与他们敌对的瑞霍布城的王公出城。"

于是陛下派出阿蒙军团第一部队"劲弓"前去哈玛特城，拉军团第一部队"勇敢"前去贝桑城，赛特军团第一部队"强弓"前去耶诺姆城。仅用了一天的时间，这些敌人就在陛下的面前被击败。

古埃及在驱逐喜克索斯人与其后不断地对外远征过程中，逐渐形成了职业化的军队体系，以此来代替之前的半职业化的募兵军队。早期的古埃及军队分为三个军团，分别以"阿蒙""拉"和"赛特"三位神的名字命名，每个军团约5000人左右，总计15000人，另外还有从努比亚、利比亚等地区招募的雇佣军随同作战。在这些军团中，能被冠以"第一部队"的显然是其中的精锐，这支精锐部队依靠战车的机动性，在一天之内就击败敌人攻占了城市，挫败了当地王公们试图联军的企图。在这之前，古埃及人通常采用的攻城方法是天长日久的围困，这一过程可能要持续数月甚至一年的时间。

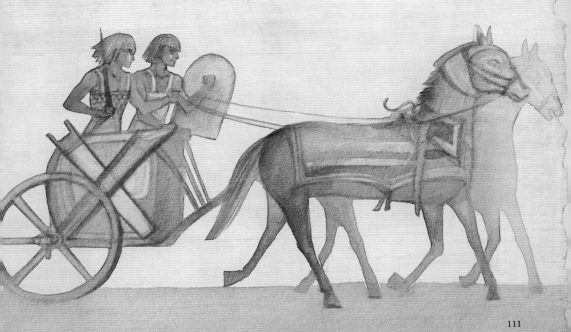

在塞提一世与他的王子的率领下，古埃及军队频繁征讨西亚地区，试图将在阿玛尔纳时期失去控制的地区重新夺回。而消除了境内瘟疫之后的穆尔西里二世也多次发动远征，将赫梯帝国的领土扩张到了巅峰，西亚地区许多城市不得不选择向赫梯王国臣服——这处狭长的地带作为连通亚非地区的交通要道，试图称霸的古埃及人与赫梯人势必将在这里爆发一场你死我活的决战。

拉美西斯二世是古埃及最著名的国王之一，同时也是古代统治者中罕见的长寿国王。他原本是塞提一世的王子，但并非长子，一些原本描绘塞提一世长子的壁画或雕刻后来被拉美西斯二世修改成了自己的形象和王名，这导致我们对这位长子的情况所知甚少。

拉美西斯二世登基的第四年，他的军队一路向北进攻，占领了毕布罗斯附近的河口地区，这里距离由赫梯人实控的卡叠石城已经非常近——在塞提一世时期，古埃及军队曾经一度夺回这座城市，但此时依然被赫梯人所控制。

这时赫梯的穆尔西里二世已经去世，他的继承人穆瓦塔利继承了王位，在从潜伏于埃及境内的间谍处得知古埃及人即将出征的情报时，这位刚登基不久的国王下定决心要

和古埃及人展开一场决战。为此，他开始积极备战，赫梯人首先在卡叠石附近集结了两万多人的军队，他们装备了三千多架双马战车和刀剑、长矛、弓箭等武器，分散于卡叠石城内外埋伏，等待古埃及军队的到来。

而此时的古埃及军队已经集结完毕，为了这次和赫梯人的战斗，除了原本就有的"阿蒙""拉"和"赛特"三个军团之外，拉美西斯二世又专门扩编军队，成立了一支名为"普塔赫"的新军团，四支军团共计两万多名古埃及士兵，再加上由努比亚人为主的雇佣兵部队，这支军队在拉美西斯二世的率领下正准备向卡叠石方向进发——他们浑然不知自己的远征动向早已被赫梯人掌握，而后者正等待着他们一步步落入伏击圈中。

拉美西斯二世后来将自己在这场战斗中的事迹详细记录在了卡纳克神庙的一面墙上，这也是迄今为止发现的内容最多的古埃及墙壁铭文，根据记载，这次载入史册的战争开始于古埃及军队抵达毕布罗斯河口附近的次年，也就是拉美西斯二世登基第五年的四月份。

赫梯士兵
部分来自阿布辛贝勒神庙浮雕

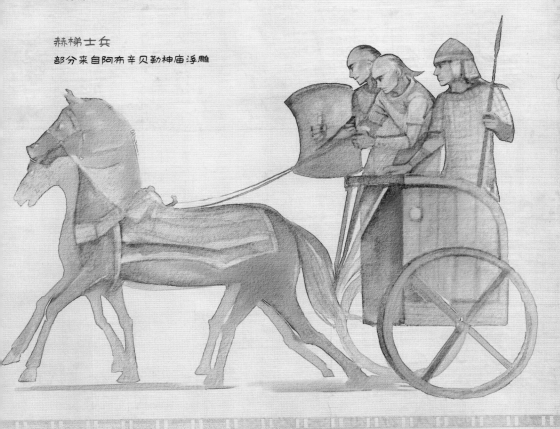

此时，陛下调集步兵和战车，以及降服于他力量之下的舍尔登人（海上民族的一支），向全副武装的他们下达了战斗的命令。陛下率军向北出发，步兵与战车紧随其后。第五年，第三季，第二月的第九天，陛下沿着道路前进，经过希勒地区的要塞……数日后，陛下抵达位于"雪松谷"的城市拉美西斯-美瑞亚蒙（位于今黎巴嫩地区）。陛下继续向北进发，他率领阿蒙军团第一部队渡过奥伦特渡口，抵达卡叠石城……

奥伦特渡口位于奥伦特河谷地，距北方的卡叠石城约24千米，除了这处渡口之外，卡叠石城附近的奥伦特河谷峭壁耸立、水流湍急。由于地势险要，之前的古埃及军队都要占领卡叠石城之后再继续向北推进。

拉美西斯二世显然亲历或听说过塞提一世派遣精锐部队突袭并在一日之内攻占敌城的事迹，由于他并不知道自己出征的消息早已泄露，一路上没有遭到袭击的他认为卡叠石城的守军根本没有做好抵抗的准备，于是决定不再等待后续依次赶来的部队，亲自率领先头部队向早已被赫梯人层层埋伏的

拉美西斯二世审问赫梯"逃兵"

114

卡叠石城发起了突袭。

　　此时，可恶的赫梯人和臣服于他们的异邦王公们正埋伏在卡叠石城的东北，而陛下独自率领着扈从冲在最前，阿蒙军团跟在陛下身后。此时拉军团正在城南某处渡河，距离陛下有2千米（原文为1伊特尔），而普塔赫军团在阿尔纳伊姆城的南方，赛特军团还远在路上。此时陛下已经组织好第一拨冲锋的战斗阵列，由他的军队将领组成。

　　由于拉美西斯二世的轻敌，此时古埃及军队的四个军团尚未集结，互相之间完全无法支援。而就在拉美西斯二世率领军队抵达卡叠石城南12千米的时候，他的军队抓获了两名赫梯军队的"逃兵"，这两名"逃兵"被带到拉美西斯二世面前接受审讯，他们声称自己的兄弟是当地部落的首领，此时正率领部落的人和赫梯人在一起，而这名首领想要臣服于古埃及，摆脱赫梯人的统治。

拉美西斯二世驾车图
根据阿布辛贝勒神庙浮雕绘制

拉美西斯二世起初并不太相信这两名"逃兵"的话，问他们为什么首领不亲自过来投降，这两人回答说部落的首领正和赫梯军队的首领在北方远处的阿列波地区，听说古埃及军队北上十分害怕，不敢亲自过来。因此拉美西斯二世相信了他们所说的话，下令释放了这两人。从他们口中拉美西斯二世得知"胆小"的赫梯人正在卡叠石的北方聚集准备和古埃及军队决战，这让他坚信趁着赫梯人还未到来，自己能够轻易攻占卡叠石城，于是他下令让部队火速向卡叠石进军。

事实证明这两人绝非他自己所说的"逃兵"，而是赫梯人故意派出诱骗古埃及军队进入埋伏圈的探子。此时在卡叠石城附近的埋伏圈里，得知古埃及人接近的赫梯国王穆瓦塔利立即派出一支战车部队秘密转移到奥伦特河东岸，准备截断古埃及军队的后路。

拉美西斯二世率军抵达卡叠石城的西北，在这里扎下营地为攻城做准备，然而不等拉美西斯二世在自己的黄金座椅上坐稳，他的卫兵就从附近地区抓获了两名赫梯俘虏，这两名赫梯士兵显然不像之前的两名"逃兵"，他们被带到拉美西斯二世和将领们的帐篷中时吓得瑟瑟发抖，说出了赫梯军队与他们的仆从军早已在卡叠石城附近层层设伏的事实。

陛下坐在一张金质的座椅上，（这时）国王的哨兵带来了两名（在附近被捕）赫梯哨兵，当他们被带到陛下面前，陛下询问他们身份，他们（说他们）是赫梯将领派来侦察埃及军队行踪的人。陛下对他们说："赫梯首领在什么地方？我听说他们在北方的阿列波地区。"

（两名俘虏）说："赫梯首领率领着军队和附属的当地城邦军队，带着如同沙子一样多的步兵和战车，装备好了武器在卡叠石城后准备（和古埃及人）作战。"

于是陛下召集将领，让他们听（两名哨兵所说的话），陛下对他们说："看看我们派来亚洲的地方监督们的所作所为！他们每天都来跟我说可恶的赫梯首领远在北方的阿列波地区，因为害怕我们所以才逃到那里。但是现在我听（两名俘虏）说，赫梯首领带

拉美西斯二世击打敌人
根据阿布辛贝勒神庙浮雕绘制

领着当地城邦的军队，数量如同沙子一样多。看啊，他们现在躲在卡叠石的后面，而我派来这里的地方监督和军队将领们却没有一个人能告诉我他们已经来了！"

本以为赫梯军队还在遥远的北方集结，刚刚还志在必得、计划着像自己父亲那样一天之内轻易攻占卡叠石城的拉美西斯二世听到俘虏交代的情报后大吃一惊，他立刻召集所有的将军，向他们通报了这一紧急情报。将军们显然也对这样的情况十分震惊，他们纷纷向拉美西斯二世承认了他们在情报侦察方面的疏失。

但此时事态紧急，发现自己陷入赫梯人伏击圈的拉美西斯二世立刻派自己的宰相向还在后方的拉、普塔赫、赛特三支军团下达紧急命令，要求他们加速赶到卡叠石城与最先抵达的阿蒙军团会合。

就在拉美西斯二世和将军们紧急召开军事会议的时候，早已埋伏多时的赫梯人从四周向陷入重围的阿蒙军团展开了攻击。赫梯军队的步兵和大约2500辆战车穿过卡叠石附近的溪流，向毫无准备的古埃及军队发起了冲锋。古埃及军队此时正在扎营，还没有得到赫梯人正在附近埋伏的通知，面对着突然杀出的赫梯军队，古埃及军队根本无法组织起有效的防御阵线，被赫梯人杀得溃不成军，四下逃散。赫梯人一路追杀，一直杀到了古埃及军队营地中间，将拉美西斯二世的帐篷和他的亲随卫队团团包围。

眼看阿蒙军团在赫梯军队的埋伏下伤亡殆尽，拉美西斯二世也面临着被抓或被杀的境地，而此时被他视为救命稻草的拉军团也自顾不暇，陷入了苦战当中——当拉军团得到命令加速前进的时候，早已埋伏在此的赫梯战车部队向赶来支援的拉军团侧翼发起了突击，拉军团没有想到敌人会在这里出现，立刻也遭到了沉重的打击，不得不原地防守，完全无法支援在北方不远处的拉美西斯二世。

在拉美西斯二世本人记述的这段历史中，他表现得十分英勇，仿佛众神附体一般——"他迅速起身，像他的父神孟图一般愤怒""拿起武器、披上铠甲，犹如展现力量的赛特""神勇无比，如同发怒的塞克美特"，他跳上自己那匹名为"底比斯的胜利"的战马，一马当先冲向埋伏的赫梯人——拉美西斯二世还特意强调，此时只有他一个人，他的卫队并没有跟上，而是四散逃亡。赫梯人在拉美西斯二世的怒火面前不堪一击，无论是赫梯人与当地城邦的将军，还是他们数量众多的战车，都被他一个人全部消灭。

"陛下消灭了赫梯首领与当地城邦将领的全部军队，陛下在敌人的阵地中杀戮他们，他们的步兵和骑兵全部倒在陛下的马前，而陛下单独一人，没有人跟他在一起。（拉美西斯二世自述）我将赫梯的军队全部赶落奥伦特河，他们一个接一个像鳄鱼一样掉进河里。我像神一样追逐他们，独自一人攻击所有的敌人，因为我的步兵和骑兵都背叛了我，没有一个人停下来回头看我一眼。"

实际上，当时的拉美西斯二世在侍卫们的掩护下，试图突破赫梯人的包围圈，甚至将自己随军带着的狮子放出来恐吓敌人，但是他们并没有能够成功突围出去，后续的几个军团也都被赫梯人挡在外围无法前来支援——幸亏赫梯人犯了和当年图特摩斯三世的士兵相同的错误，他们被数量惊人的战利品所吸引，很多人开始哄抢古埃及军队的物资，所以在侍卫保护下的拉美西斯二世并没有受到伤害。

关键时刻，还是拉美西斯二世前一年远征时留在附近阿姆鲁地区的一支由年轻人组成的古埃及驻军及时赶到，由于赶来的路线和其他古埃及军团不同，所以没被赫梯人拦截住，他们从包围拉美西斯二世的赫梯军队的侧后方发起了突击，经过英勇奋战，包围拉美西斯二世的赫梯军队被打散，拉美西斯二世和侍卫们得以与匆匆赶到的普塔赫军团会合，成功突破赫梯人的包围，最终死里逃生。

经过这一场伏击与反伏击的激烈战斗，古埃及与赫梯双方均损失惨重，双方都无力进一步作战，不得不撤离战场。

古埃及方面，阿蒙军团和拉军团遭受重创，尤其是首先陷入伏击圈中的阿蒙军团几乎全军覆没，拉军团也伤亡过半，拉美西斯二世不得不率领残余士兵与后面赶来的赛特军团和普塔赫军团会合并撤回埃及，原本试图夺回古埃及在叙利亚领土的远征事实上以失败告终。

赫梯方面，虽然运用战车和伏击战术给古埃及人造成了重大伤亡，但是战车部队损失惨重，甚至无法对一路后撤的古埃及军队进行有效的追击，只得眼睁睁地看着拉美西斯二世和剩下的军队撤离战场，不过很快赫梯人就将古埃及控制的阿鲁姆（即今大马士革）夺了回来。

返回埃及之后，拉美西斯二世重组了四支军团，并且试图与赫梯人再次决战，以报在卡叠石城下被围攻之耻，不过赫梯人并不想和他再发生大规模战争——从卡纳克神庙墙壁的铭文可以看到，在拉美西斯二世继位的第八年，他率领军队摧毁了几座西亚地区的城市，这些城市都在叙利亚南部或者巴勒斯坦地区，显然此时赫梯人的势力已经逐渐逼近西奈半岛。拉美西斯二世曾经一度重新打到卡叠石城附近，不过赫梯人据城坚守，并没有和他展开决战，最终古埃及军队无功而返。

古埃及与赫梯双方就这样在叙利亚地区僵持了十多年的时间，谁也无法在这一地区取得绝对优势，而此时双方都面临着来自第三方的威胁——从爱琴海和小亚细亚一带源源不断迁徙而来的海上民族正在东地中海沿岸大肆烧杀抢掠，虽然这些海上民族的实力尚不足以对这两个地区霸主造成什么实质性的威胁，但是也不堪其扰——尤其是赫梯人，他们还面临着两河地区日渐崛起的亚述人的威胁。

于是在继承了穆瓦塔利王位的赫梯国王哈图西里的提议下，拉美西斯二世决定与这位新国王议和，哈图西里先将赫梯文本的议和条约刻在银板上送抵埃及，而拉美西斯二世以此为基础写下了自己的条约，并将其翻译成西亚地区通用的巴比伦楔形文字送回赫梯。拉美西斯二世将这份条约的文本铭刻在了卡纳克神庙的墙壁上，而赫梯人则将之雕刻在泥板上并烧制储存。因为最初的文本刻在银板上，所以该条约又被称为"银板和约"——该条约规定了古埃及与赫梯之间互为兄弟之邦，互不侵犯，实现持久的和平，共同防御可能来袭的敌人，并且互相遣返逃亡者等事项。

拉美西斯二世迎娶赫梯新娘

"在陛下心中，她如此美丽，他爱她胜过一切……"
——拉美西斯二世婚姻碑铭文

虽然双方达成了协议，但是拉美西斯二世认为赫梯人是因为对他感到恐惧才不得不主动前来求和，是赫梯人向他这位"现世之神"献上贡品求饶——有趣的是，赫梯国王哈图西里真的将自己的女儿远嫁到了埃及，即使是颇为自负的拉美西斯二世也对此表现出了极大的热情，他甚至派出军队到迦南地区迎接这位远道而来的赫梯公主，古埃及军队与赫梯护送军队会合并一同来到埃及，一路上的西亚城邦王公们面对这两支不久前还在生死相搏的军队亲如兄弟般的情景，都十分惊叹。

赫梯公主来到了拉美西斯二世的面前，拉美西斯二世被她的美貌和白皙的肌肤深深吸引，他立刻赐予这位赫梯国王与王妃之女一个古埃及的姓名"国王之妻，玛阿特-涅夫鲁-拉"，意味"看到拉神的美丽的人"。

值得一提的是，拉美西斯二世在铭文的最后强调，正是因为他的伟大胜利，现在古埃及的男女在前往西亚地区时，可以在赫梯的土地上随意行走，而不需要担惊受怕——这一局面一直持续到五十多年后赫梯王国被汹涌而来的海上民族灭亡为止。

烈焰自海上来

拉美西斯三世

公元前十三世纪末期，大量来历不明的劫掠者乘船入侵了地中海东部沿岸各地区，他们的劫掠和迁徙对陷入内乱的赫梯、西亚港口城市黎凡特和毕布罗斯、迦南地区诸多城邦都造成了毁灭性的打击，原本强盛的赫梯王国更是因此而分崩离析。由于这些入侵者来源不明、民族成分复杂，因此历史学家将他们宽泛地统称为"海上民族"。这个历史名词究竟指的是哪个民族，抑或是哪些民族，至今仍然是一个颇具争议的问题。

有人认为他们是来自小亚细亚地区的安纳托利亚人的分支，或是希腊的迈锡尼人，也有人认为他们是被迈锡尼人驱逐出来的米诺斯人（也就是迈锡尼人所谓的"皮拉斯基人"），还有人认为他们是意大利亚平宁半岛的伊特鲁里亚人、撒丁岛的努拉吉亚人、西西里岛的西坎人等。当然，不排除这些持续对地中海东岸进行了上百年洗劫的"海上民族"其实是一个范围模糊的集合体，在不同年代，由不同的民族组成。

而其中最广为人知的则是腓力斯丁人，因为他们所劫掠的目标正是埃及，因此在古埃及留下的文献中被记载了下来，同样的，在巴勒斯坦地区一些古文献中也同样记载过这些来自地中海北岸的原始印欧人，但与他们被高度闪米特化的后裔不同，其本身的血统究竟来源于何处，至今仍不得而知。

虽然"海上民族"的本质是一场地中海地区的大规模移民迁徙，来到地中海东岸的他们在各地区建立了众多新的城市，例如今天巴勒斯坦地区的加沙，同时他们也与当地人充分融合，形成了如今西亚地区民族的前身。但是对于当地的土著居民来说，则不啻于一场毁灭性的灾难。

古埃及作为地中海东南地区的强盛国家，也遭到了这些"海上民族"的入侵，其中第一次发生在国王美伦普塔赫在位的第五年。美伦普塔赫是极长寿的拉美西斯二世的继承人，当他继位时已经五十多岁，因此这次入侵发生的时候，他已经年届六十，这在当时已经是相当高龄，但是当北方边境遭到入侵的消息传来，他还是选择了带兵出击。

　　这一次大规模入侵首先来自埃及西北方向的利比亚，由于下埃及三角洲水草丰茂，是天然的优良牧场，因此在一千多年里经常被来自利比亚的游牧民侵袭，这一次利比亚人和来自海上的侵略者们联手向埃及发动了进攻。这次侵袭发生的具体时间在《开罗石柱铭文》上被记载为美伦普塔赫在位"第五年，第三季的第二个月"，下埃及地区的侦察兵向美伦普塔赫报告"邪恶的利比亚人已经同□□□（这里文本缺损，应该是其他文献中提的几个海上民族）入侵，有他们的男人和女人（后文全部缺损）"。

　　在卡纳克第七塔门到主神庙东墙内侧墙壁的卡纳克铭文上则记录了利比亚人和海上民族在下埃及三角洲的所作所为，最重要的是留下了古埃及人记录的几支不同来源的海上民族，其中包括吕西亚人（Lukka）、皮勒塞特人（Peleset，即腓力斯丁人）、柴克尔人（Tjeker）、舍克勒什人（Shekelesh）、沙尔丹人（Shardana）、达努纳人（Danuna）、维舍什人（Weshesh）、泰瑞什人（Teresh）、埃克维什人（Ekwesh）等。

从铭文中我们可以看到入侵的利比亚人和海上民族对下埃及三角洲地区造成的破坏，许多原本水草丰茂的牧场因为他们的不断侵扰而荒废，许多要塞因为没有足够的兵力来防守而被迫放弃，而那些利比亚人和海上民族会占领这些地方并定居下来。其中距离中埃及重要区域法尤姆绿洲不到200千米的两处绿洲（即今拜哈里耶绿洲和费拉菲拉绿洲）被他们彻底占领，并以此为据点不断侵袭埃及尼罗河谷地区，抢走所有他们能抢到的东西，毁掉那些带不走的，整个下埃及因此动荡不安。铭文中还提到这次入侵的利比亚首领的名字——戴德之子迈瑞伊，就是他带着众多利比亚战士，和众多带着家眷的海上民族一起入侵了埃及的腹地。

美伦普塔赫在得知这些情报之后非常愤怒，立刻召集官员们前来商讨对策，他先是长篇大论地怒斥了一番这些入侵的利比亚人和海上民族对埃及本土造成的破坏，随后提及他自己作为国王，不能放任这些邪恶的敌人为所欲为，他作为众神所保护的人，要带领古埃及的军队消灭这些侵略者。随后他下达了调集军队准备出征的命令，并要求这些军队要在十四天内行军到达利比亚人和海上民族盘踞之地投入战斗。

宗教深入每一个古埃及人的心灵，作为古埃及国王的美伦普塔赫自然也不例外，在他即将率军出征的前一天夜里，他做了一个神秘的梦，他所崇拜的普塔赫神出现在他的梦中，高大而威严，普塔赫神将一柄短剑交给了美伦普塔赫，并声称："你拿着它，并将恐惧从你的身体中驱逐出去。"尽管不知道美伦普塔赫究竟是日有所思夜有所梦，还是利用信仰消除士兵们对利比亚人-海上民族联军的恐惧感。出征之日，美伦普塔赫高举着神赠予他的短剑，率领着因此而士气高涨的古埃及军队向下埃及三角洲西部出发。

这支古埃及军队拥有大量的弓箭手和战车，以及数量众多的外族雇佣兵，在侦察兵的引导下向利比亚人所盘踞的地区前进。而在三角洲南部阿瑟瑞比斯出土的花岗岩石碑上提到了美伦普塔赫与利比亚敌人接触并开战的日期，也就是美伦普塔赫"在位第五年，第三季的第三个月第三日"。在前一天古埃及军队已经抵达了佩尔伊瑞地区（Pr-yr，这是古埃及一处盛产泡碱的边缘城市）并在此地驻扎，当天夜里，古埃及军队的侦察兵已经发现了趁着月光逐渐逼近的利比亚军队，并在第二天白天正式交战。

美伦普塔赫率领着战车部队和大量步兵列好阵形后，并没有发动进攻，而是下令军队中的弓箭手们不间断地向利比亚人和海上民族士兵射击，据铭文记载，古埃及弓箭手们射出的箭雨足足持续了六个小时，给利比亚人-海上民族联军造成了大量伤亡，压制得他们几乎无法还击——值得一提的是，利比亚人在古埃及人的心目中就是出众的弓箭手，因此他们被称为"九弓"，利比亚的首领则被称为"九弓的首领"，但这些利比亚神箭手并没能逃过古埃及军队的箭雨。

美伦普塔赫之梦
普塔赫神将一柄短剑交给美伦普塔赫

箭雨停止之后，利比亚人伤亡惨重，根本无法抵抗古埃及军队的追击，当美伦普塔赫率领着战车和步兵冲击利比亚人的阵地时，利比亚首领迈瑞伊带着残部逃离了战场，丢下了大量来不及逃走的人和几乎所有财产，古埃及军队则抓获了数百名俘虏，其中包括利比亚首领的几个兄弟以及六个儿子。战后统计军功显示，古埃及军队总共杀死敌人8729名。

古埃及军队将缴获的战利品记录下来并全部带回，其中包括了利比亚首领迈瑞伊的鞋子、佩弓和箭袋，以及大量的金银青铜装饰品、牲畜、武器。古埃及军队凯旋归来，得到了沿途平民的夹道欢迎。

经过这次战斗，利比亚地区其余部落不再归顺于逃走的迈瑞伊，而是选出了另一位首领，重新向古埃及表示臣服，而被打败的海上民族很长一段时间内没有再侵略埃及。

美伦普塔赫去世后，古埃及的政权再次出现危机。继位的塞提二世在位期间，另一名不被后世国王承认的阿蒙美西斯在上埃及地区登基，古埃及再一次陷入分裂的危机之中，不过这一状况没有持续太久，经过一段时间的战争，塞提二世击败了阿蒙美西斯重新统一了上下埃及。

塞提二世是古埃及第十九王朝最后一位被视为正统的国王——他的儿子死于他之前，因此一位和他有一定血缘关系（只能确定他并非塞提二世之子）的西普塔赫短暂继承了王位，但他身体羸弱，在位不到六年就去世了，之后由塞提二世的王后陶沃斯特继承了其王位。

由于王权在短时间内不断更迭，此时的中央王权已经严重衰落，地方割据势力抬头，国王已经无法遏制地方官员不断膨胀的权力，面临四分五裂的局面。而祸不单行的是，一位名叫伊尔苏的叙利亚奴隶发起了一场声势浩大的奴隶起义，根据《哈里斯纸草书》的记载，这场起义几乎横扫整个埃及，给古埃及的贵族们造成了毁灭性的打击，埃及各地都被迫向他表示臣服并缴纳税赋，各地的宗教崇拜也被迫中止。

伊尔苏大起义的细节同之前历次奴隶起义一样无从知悉，现在仅知道一位地方贵族塞特纳赫特通过大量招募外国雇佣兵，组建了自己的军队击败并镇压了伊尔苏的起义，从而成为古埃及新的统治者，塞特纳赫特声称自己继承的是陶沃斯特的王位，但由于这支王族和之前古埃及第十九王朝的国王们完全没有血缘关系，所以将他们建立的王朝称为古埃及第二十王朝。

塞特纳赫特是第二十王朝的开创者，他在位仅四年就去世了，死后埋葬于本属于陶沃斯特的坟墓中，继承王位的是曾经和他共治的儿子拉美西斯三世。拉美西斯三世登基时约三十岁，在他继位的第五年，由于他试图干涉利比亚新首领的继位，导致利比亚多个部落再次联军进攻下埃及，不过拉美西斯三世很快就击退了这些利比亚人，没有造成太严重的危机。

拉美西斯三世王宫地砖
这一群不同肤色的异族囚犯包括：
贝都因人，努比亚人，叙利亚人，利比亚人，赫梯人等

而到了拉美西斯三世在位的第八年，之前在美伦普塔赫时被击败的海上民族卷土重来，这一次的海上民族包括了腓力斯丁人、柴克尔人，舍克勒什人，达努纳人和维舍什人。这次入侵规模比上次更大，而且他们除了从北利比亚地区的阿摩登陆之外，还有一部分海上民族是从如今的巴勒斯坦地区登陆，通过海路和陆路前往下埃及三角洲，沿途许多臣服于古埃及的城邦都无法阻挡他们的脚步，纷纷遭到掠夺和破坏。

为了对抗声势浩大的海上民族，拉美西斯三世率领军队抵达了巴勒斯坦前线，在他的指挥下，古埃及军队联合当地的城邦军队和充当雇佣兵的亚洲马利安人一起，在当地港口附近布下防御阵地，步兵、弓箭手和战车兵全部列好阵形。同时为了防止从海上入侵的敌人逃走，拉美西斯三世还调集了大量古埃及军舰、帆船在附近的海面上列阵以待，军舰上也布置了大量装备齐全的士兵。

拉美西斯三世将这次消灭海上民族的战斗记录在他位于底比斯的美迪奈特哈布神庙的墙壁上，不过他没有记载这次战斗的详细过程，如今只能看到战争的胜负结果——那些试图从陆路入侵埃及的敌人被严阵以待的古埃及军队彻底消灭，而试图从海上前往埃及的敌人则被古埃及军舰团团包围，一些人被杀死在船上，另一部分人则趁着天黑试图弃船逃上岸，但古埃及军队已经在岸边点燃大量篝火，将沿岸照得通亮，古埃及军队的长枪兵在岸边包围了这些试图逃跑的敌人，一部分人投降并被俘虏，其余人被消灭，他们的船和财产都被古埃及军队缴获。

拉美西斯三世
海军作战图（美迪奈特哈布神庙）

戴尔麦地那工匠村罢工
据说是有史以来第一次见于文献记载的罢工

　　而在拉美西斯三世在位第十一年时，那支从利比亚地区登陆的海上民族纠集上次被打退的利比亚各部落再度攻击埃及本土，拉美西斯三世再一次击败了他们。虽然这几次反侵略战争古埃及军队都获得了胜利，但是为了维持军备的持续消耗，古埃及的经济遭遇严重危机。在拉美西斯三世在位的第二十九年时，从第十八王朝一直持续存在的戴尔麦地那工匠村中的工匠们就因为长时间的欠薪（古埃及国库通过粮食的形式发放）而引发了罢工，尽管一名下埃及的宰相因此受罚被罢免，但是出面调停的上埃及宰相依旧无法满足工匠们的全部条件，因此戴尔麦地那工匠村的工匠数量开始大幅削减，最终只剩下六十多人。

　　拉美西斯三世在位第三十二年四月，就在他准备举办自己的塞德节庆典时（通常在国王登基三十年之后举办），底比斯发生了一场宫廷政变。宫廷政变的发起者是王妃提雅和她的儿子彭塔沃尔王子，他们勾结了御膳总管培贝卡蒙、司膳官马斯特苏里亚、畜牧监督潘海波尼、国库总监派尔里、两个行政官员帕诺克和彭图亚以及拉美西斯三世的医生伊洛依——他们试图通过黑巫术、毒药和刺杀等手段，让彭塔沃尔取代受到宠爱的拉美西斯王子，以便日后继位。

不过拉美西斯三世本人并没有因为这次刺杀而当场死亡，他又艰难地存活了一段时间，成功阻止了这些凶手对拉美西斯王子的谋杀，并召集法官来审判他们。关于这次谋杀前后进行了三次审判，拉美西斯三世没能等到审判结果宣布就已经死亡。最终包括王妃和王子在内的所有涉案凶手共计38人，其中27个男人和6个女人被处死（王妃提雅和王子彭塔沃尔被允许服毒自尽），剩下5人则以贪污罪被惩处。拉美西斯三世死后，那位幸免于难的拉美西斯王子登基，成为后来的拉美西斯四世。

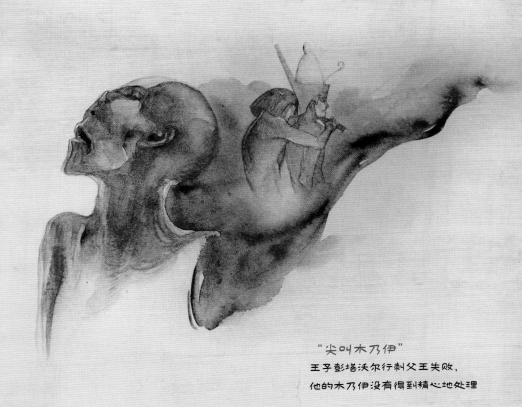

"尖叫木乃伊"
王子彭塔沃尔行刺父王失败，
他的木乃伊没有得到精心地处理

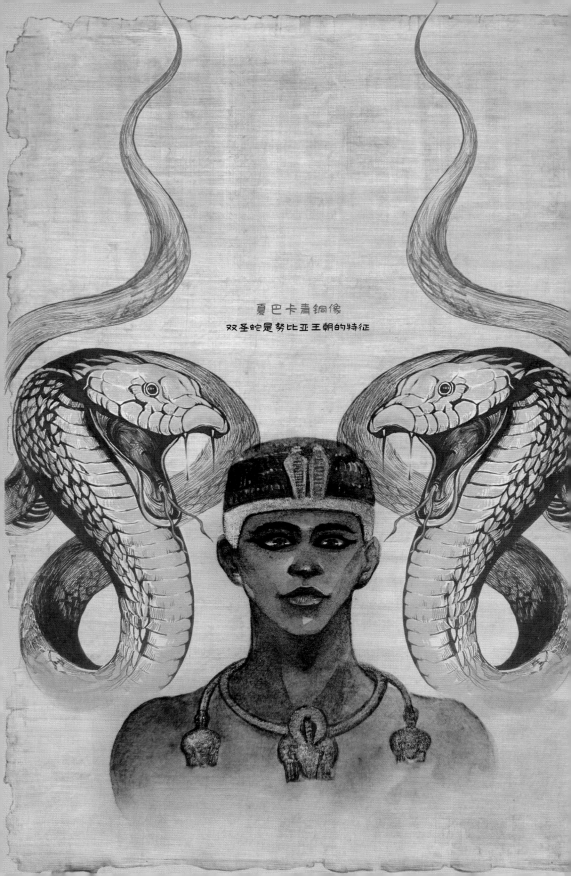

夏巴卡青铜像

双圣蛇是努比亚王朝的特征

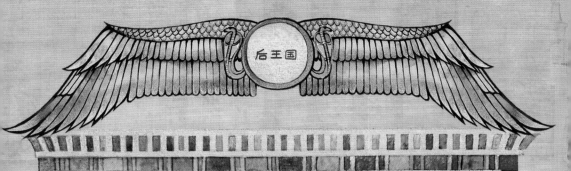

异族法老

    拉美西斯三世因宫廷政变去世后，他的子嗣们围绕王位展开了残酷的争夺，拉美西斯四世的儿子拉美西斯五世死于天花之后，他的王位立刻被叔叔拉美西斯六世夺取，而拉美西斯六世的儿子拉美西斯七世的王位也同样被叔叔拉美西斯八世篡夺。

    古埃及在短短二十六年里换了五位国王，这让本来就衰落的中央王权进一步失去控制力。由于此时的古埃及军队已无力阻止不断入侵的利比亚人，下埃及许多地方落入了利比亚人手中，连古老的底比斯都受到了利比亚人的侵袭。粮食价格的飞涨让各地经济处于崩溃的边缘，很多领受国家薪水的工人因为遭长期欠薪而纷纷罢工，一些工人甚至和匪徒们勾结起来，参与劫掠、盗墓活动，国王谷中的许多陵墓就是在这一时期遭到了洗劫，棺材上的黄金被刮走，首饰被剥离，木乃伊被拖出焚烧——而根据当时《盗墓审判》的记录可以得知，许多参与盗墓的盗墓贼原本都是领受国家薪酬的工人。

在古埃及经济快速崩溃的同时，阿蒙祭司团体势力则在急速膨胀，他们不仅掌握了大量的土地、财产，还掌控了许多地方的行政权力，甚至超越了国王的权力——例如拉美西斯三世到拉美西斯九世初期，阿蒙大祭司都是由拉美斯奈克特一个人担任的，他的任期甚至超过了同时代所有国王，而在他死后，他的大祭司位置则是由他的两个儿子先后继承，这一继承过程已经不再需要国王的任命，他的一个儿子阿蒙霍特普甚至一度在壁画上标榜自己才是国王，最终被忍无可忍的拉美西斯十一世革除了他的阿蒙祭司职位，由一位名叫赫里霍尔的祭司取而代之。

由于海上民族的侵袭，再加上古埃及政局不稳以及经济不断地衰落，到了拉美西斯十一世时期，古埃及已经完全失去了对原本臣服于古埃及的西亚地区城邦的控制，从半传记文献《温阿蒙出使记》中就可以看到当时西亚地区的统治者们已经不愿再臣服于衰落的古埃及，连拉美西斯十一世派去征收修复神殿所用木材的使者温阿蒙都被百般刁难，甚至强迫他们用同等价值的财产来购买木材，而不是像之前那样进贡。

拉美西斯十一世去世后，赫里霍尔控制了上埃及地区并自立为新国王，而掌控着下埃及三角洲地区的地方行政长官史曼德斯拒绝承认他的地位，并宣布自立为新的国王，他定都于下埃及的塔尼斯，因此他这支王族被称为塔尼斯王族，也被后世称为古埃及第二十一王朝。

第二十一王朝的建立宣告了古埃及第二十王朝的终结和古埃及新王国时代的结束，古埃及进入了第三中间期，这一时期的总体特征是古埃及中央王权的衰落与地方割据势力的崛起，以及众多由外族统治者建立的分裂王朝。

史曼德斯创立的二十一王朝和由阿蒙祭司团体控制的上埃及地区长期对峙，赫里霍尔去世之后，他的女婿帕安基和外孙帕涅杰姆一世都没有继承王位，而是从名义上承认了第二十一王朝的国王（当然，在古埃及人的概念里没有王朝划分的概念），但这并不意味着埃及的再度统一，事实上在之后的很长一段时间里，整个上埃及依然处于割据的状态。

第二十一王朝的开创者史曼德斯死后王位由他的儿子阿蒙涅姆尼苏继承，但是后者仅仅在位四年，没有留下子嗣，于是上埃及的统治者帕涅杰姆一世的儿子普苏森尼斯一世继承了他的王位，普苏森尼斯在位时期主要精力都用在仿照底比斯卡纳克神庙的形制在塔尼斯修建太阳神庙，除此之外，他本人被后世所津津乐道的是他的死亡面具与古埃及历代国王所用的黄金面具截然不同——他的面具为纯银打造，因此也被称为"白银法老"。

白银法老面具

普苏森尼斯一世的孙子西阿蒙在位时期发生了一件影响深远的大事——由于之前的历次动乱中，原本位于底比斯附近的国王谷频繁遭受盗墓贼的劫掠，许多国王的墓遭到洗劫，大量随葬品失窃，一些木乃伊被损毁。在西阿蒙的任期内，阿蒙祭司们组织人员将许多国王和祭司的木乃伊秘密转移到了两个隐秘的墓穴之中保护，这其中就包括了图特摩斯三世和拉美西斯二世这些伟大国王。而这些国王木乃伊就在这两座墓穴里安安稳稳地埋藏了三千年，直到十九世纪末才被埃及学家埃米尔·布鲁格施等人发现。

西阿蒙的儿子普苏森尼斯二世没有留下子嗣，他的女儿与来自利比亚地区的柏柏尔人美什维什部落首领后裔奥索尔孔（可能在此时已经担任阿蒙祭司）结婚，普苏森尼斯二世去世后，他的亲家——定居于埃及赫拉克里奥波利斯的利比亚人舍尚克一世继承了他的王位，成为新的国王。由于舍尚克一世有利比亚血统，因此他的王族被划分为古埃及第二十二王朝，也被称为"利比亚王朝"，同时因为第二十二王朝定都于下埃及三角洲的布巴斯提斯，也被称为"布巴斯提斯王朝"。

舍尚克一世在位期间，曾经派古埃及军队前往巴勒斯坦地区，击败了建立不久的古以色列王国，并借此恢复了埃及与毕布罗斯的贸易往来，他将这次胜利远征铭刻于卡纳克神庙第二塔门和多柱厅西侧的墙壁上，因此他也以"埃及国王示撒"的音译名被记录进了古以色列的典籍《旧约》当中。

古埃及第二十二王朝依然面临着内忧外患，一方面各地的分裂势力仍然活跃（例如由阿蒙祭司控制的底比斯），另一方面则面临着正在西亚地区扩张的亚述帝国带来的军事压力，在亚述帝国的萨尔玛纳萨尔三世留下的《独石碑》上就记录了卡尔卡尔战役中，亚述帝国的敌人就包括了来自埃及的一千多名士兵。

在舍尚克三世这位极长寿的国王在位的第八年，下埃及三角洲的贵族帕杜巴斯特在莱翁特波利斯地区自立为王，也就是古埃及第二十三王朝的创立者帕杜巴斯特一世，他同样崇拜第二十二王朝的都城布巴斯提斯地区信仰的巴斯特女神。

而到了第二十二王朝的舍尚克五世在位时期，在下埃及三角洲的西部地区，一位名叫泰夫纳克特的舍易斯贵族同样自立为王，也就是后来的古埃及第二十四王朝，他掌握了下埃及三角洲几乎全部的军队，这导致了同一时期亚述帝国的军队已经攻占了大马士革，并且扩张到了巴勒斯坦地区，但是名义上的古埃及国王、第二十二王朝的舍尚克五世已经无力派出军队去援助这些曾经的盟友，只能任凭他们被亚述人吞并。

到了舍尚克五世的继承者奥索尔孔四世的时候，这位古埃及第二十二王朝的末代国王已经基本上失去了对整个下埃及的控制权，他的势力范围仅限于塔尼斯和布巴斯提斯这两座城市，甚至不得不派出使者主动向刚刚继位不久的亚述国王萨尔贡二世示好，并献上了12匹埃及马作为礼物。

而此时的古埃及第二十四王朝的开创者泰夫纳克特则

布巴斯提斯地区信仰的巴斯特女神

积极联络并存的第二十二王朝的奥索尔孔四世和第二十三王朝的尤普特二世，建立起了一个松散的下埃及联盟，试图击败上埃及地区的阿蒙祭司团体，再度统一四分五裂的埃及。为此他派出一支军队乘船沿着尼罗河向上埃及进发，沿途攻占孟菲斯之后，又向赫拉克里奥波利斯地区进军，于是赫拉克里奥波利斯向努比亚地区的库什王朝国王皮安西

「阿蒙神妻」卡若玛玛奥索尔孔二世之女

求援，皮安西率领库什军队沿尼罗河而下，击败了泰夫纳克特的军队并摧毁了他们的船只，之后又率军包围了孟菲斯，经过一番激烈的战斗，最终攻陷了孟菲斯城，迫于努比亚库什王朝军队的威力，泰夫纳克特和他的盟友们都向库什王国表示了臣服。

在进入埃及的过程中，由于皮安西一直和底比斯地区的阿蒙祭司保持着良好的关系，最终他的女儿成为了"阿蒙神妻"，这为他顺理成章掌控埃及奠定了宗教信仰上的基础。

库什王朝军队退回努比亚之后，之前投降的泰夫纳克特不甘失败，再次起兵反抗，这一次皮安西的继承者夏巴卡率领库什军队再次远征埃及，将泰夫纳克特的继承者波克霍利斯国王生擒并施以火刑，古埃及第二十四王朝随即宣告灭亡。随后夏巴卡宣布迁都至孟菲斯，并登基成为古埃及国王，他也成了古埃及第二十五王朝的创建者，因为他这支王族出身于努比亚，所以又被称为"努比亚王朝"。

由于夏巴卡的姐妹担任底比斯"阿蒙神妻"的职位，因此夏巴卡得到了底比斯阿蒙祭司们的全力支持，在他的统治下，包括了努比亚大部分地区的埃及再次得到了统一，国土也一度恢复到了古埃及新王朝巅峰时期的面积。

虽然古埃及在第二十五王朝的统治下实力有所恢复，但是对外同样面临着日益强大的亚述人的威胁。最初夏巴卡曾经支持过巴勒斯坦地区的城邦对抗亚述，但很快这些城邦就被亚述国王萨尔贡二世击败。而在夏巴卡的弟弟塔哈尔卡在位时期，随着亚述人在当地的不断扩张，古埃及军队逐渐被从西亚地区驱逐出来。亚述军队第一次攻打埃及时，在西奈半岛地区遭受古埃及军队的伏击而失败。但很快亚述军队再度袭击伊什库普利地区，在长达15天的战斗中，库什军队的努比亚战士面对着装备着铁制兵器护甲、驾驶着重型战车的亚述军队，几乎毫无还手之力，连国王塔哈尔卡也在这场战斗中中箭负伤，不得不逃离战场，没能逃离的绝大部分库什士兵都遭到亚述军队屠杀，都城孟菲斯也落入了亚述人的手中，至此亚述人占领了下埃及的全部领土。

塔哈尔卡战败之后，带领随从一路逃回了努比亚地区，不甘心失败的他多次率领库什军队与控制下埃及的亚述军队交手，但前后几次都被亚述军队击败，而他的继承者坦沃塔玛尼则率领库什军队击败了受亚述人扶持且控制着孟菲斯地区的尼科一世，并将他杀死，一度占领了下埃及的部分地区。

但是尼科一世的儿子普萨美提克逃到了亚述，在亚述人的保护下，普萨美提克率领一支由亚述士兵和希腊雇佣兵为主力的军队重新回到埃及，击败了坦沃塔玛尼率领的库什军队，重新夺回了下埃及的大部分区域。

就在此时，亚述帝国陷入内乱之中，趁着亚述主力军队撤退、各地驻军分崩离析之时，普萨美提克趁机率领着希腊雇佣军和古埃及本土军队彻底驱逐了在埃及境内的所有亚述军队，又派军队乘船逆着尼罗河向南，占领了上埃及地区，将坦沃塔玛尼率领的库什军队驱逐回了努比亚。随着库什军队被普萨美提克一世击败，原本控制了整个埃及的第二十五王朝就此终结，一个统一且强大的古埃及第二十六王朝宣告诞生。

再战麦吉多

　　普萨美提克一世趁着亚述帝国内乱、军队主力回撤的时机，成功驱逐了控制着下埃及的亚述军队，并自立为古埃及国王，他所创立的王朝被后世称为古埃及第二十六王朝，又因为他出身于舍易斯地区，而被称为舍易斯王朝。

　　普萨美提克一世很快就驱逐了控制着上埃及的库什王朝，将从第二十王朝末期就实际分裂的上下埃及再次统一。在普萨美提克一世统一埃及的过程中，得到了希腊雇佣兵的极大帮助，因此他非常重视发展与希腊人的关系——在历次海上民族迁徙的过程中，希腊人已经在利比亚地区的昔兰尼加半岛建立起了永久定居点，同时也不断有希腊人从小亚细亚地区经海路抵达埃及，这些希腊人装备精良，一度成为古埃及军队的主力。

　　普萨美提克一世非常重视经济发展，他在位期间鼓励工商业的发展，积极开展对外贸易，与腓尼基、小亚细亚、希腊地区都有贸易往来。因此，在上下埃及再度统一带来的和平环境和扶持商业政策的影响下，在第三中间期遭到重创的古埃及经济得到了极大的恢复，古埃及的综合国力得到了显著提升，从而得以再度投入西亚地区的霸权争夺之中。

　　在普萨美提克一世执政中期，曾经被亚述人任命为巴比伦尼亚总督的迦勒底人那波帕拉沙尔趁着亚述帝国内乱，驱逐了当地的亚述军队，建立了新巴比伦王国，经过十多年的战争，他最终攻占了乌鲁克和尼普尔，统治了整个巴比伦尼亚地区。随后新巴比伦王国与米底王国联盟，开始对原宗主国亚述进行反击，由于

普萨美提克一世

强与希腊各城邦之间的关系；另一方面则推进古埃及水运技术的改革，加强古埃及海军的建设，提升海上贸易的水平。他下令让工人们利用大苦湖水系，挖掘出了一条连接尼罗河与红海的运河，极大提升了商船从尼罗河进入红海的便利，同时又在地中海和红海海域各设置了一支舰队，用来维持古埃及在西亚地区的军事存在。根据记载，他还引进了一种新型的船只"三列桨船"，由于记载和实物的缺失，目前还不能确定尼科二世引进的船只究竟是腓尼基式还是希腊式（事

此时亚述帝国根本无力抵抗新巴比伦王国的进攻，原本还在和古埃及敌对的亚述人不得不选择和昔日的敌人联盟，试图对抗崛起的新巴比伦，但最终还是没能挽救亚述灭亡的命运，新巴比伦王国于公元前612年攻占尼尼微，亚述帝国灭亡，原本的领土被米底和新巴比伦瓜分——其中叙利亚和迦南地区被新巴比伦王国划为自己的领土，对于一向将西亚地区视为传统领土的古埃及来说，这无疑是极大的冒犯。

普萨美提克一世去世后，由他的儿子尼科二世继承了王位，尼科二世一方面继续加

三列桨船

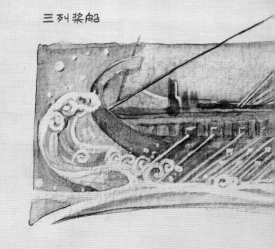

实上关于三列桨船究竟是腓尼基人还是希腊人发明的，这个问题本身在学术界就存在争议）。由于尼科二世的重视，古埃及的海军实力得到了极大的增强，在他的孙子阿普里伊在位期间，古埃及海军甚至主动进攻了以海上霸主著称的腓尼基人的城市。

根据希腊古典作家们的描述，尼科二世曾经派出腓尼基水手进行了环绕非洲的远航——当然，这可能是他们对道听途说进行演绎后的故事。实际上无论是实物还是埃及本土的文献记载，都没有任何证据支持这一时期发生过这样的远航。一直到十五世纪的大航海时代，人类才第一次开辟了绕行非洲的航线。

尼科二世即位后不久，就率领军队前往西亚，试图帮助和古埃及结盟的亚述残余势力对抗在此地扩张的新巴比伦王国，在途经由犹太王国控制的麦吉多地区时，由于犹太国王约西亚拒绝古埃及军队通过，尼科二世就像之前图特摩斯三世所做过的那样，率军击败了在麦吉多地区阻击的犹太王国军队，并杀死了犹太国王约西亚。趁着这次胜利的余威，古埃及军队又经过几次远征，在西亚地区再也没有遭遇大规模的抵抗，大军直指新巴比伦王国所在的美索不达米亚平原。

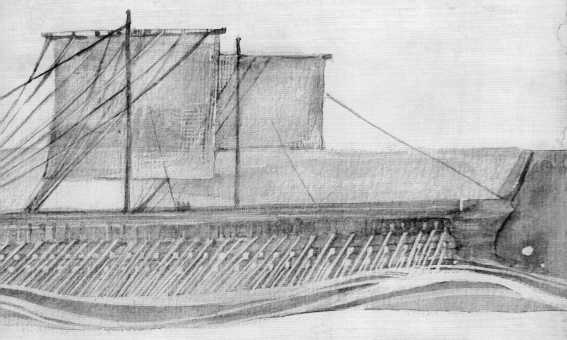

就在此前不久，年迈的新巴比伦国王那波帕拉沙尔把军权交给了自己的儿子、同时也是著名征服者的尼布甲尼撒二世。尼布甲尼撒二世统军之初，就面临古埃及大军的威胁，为此他通过联姻，加强了和米底王国的关系，共同对抗试图称霸西亚的古埃及。

面对古埃及军队的进攻，尼布甲尼撒二世决定通过反击来遏制古埃及人，他率领军队于公元前七世纪末（约为公元前605年，有争议）春季率领军队出征叙利亚，此时古埃及军队的主力与亚述残余军队共计四万余人已经渡过幼发拉底河，正在包围并试图夺回被占领的亚述古城哈兰。

此时的古埃及军队无力攻破哈兰的城墙，又得知尼布甲尼撒二世出征而来的消息，立刻后退到幼发拉底河对岸的卡赫美什，沿河布置防御，试图在新巴比伦军队渡河之际展开攻击。尼布甲尼撒二世为了避免和有亚述军队与希腊雇佣兵支援的古埃及军队主力在渡河过程中展开决战，他一方面做出要强行渡河的姿态，另一方面却派遣一部分军队向南，从幼发拉底河下游秘密渡河，抢在古埃及军队觉察之前完成了渡河，截断了古埃及军队的后路。

尼布甲尼撒二世

古埃及军队正准备将尼布甲尼撒二世率领的新巴比伦军队包围在幼发拉底河畔时，却发现自己反而落入了新巴比伦军队的包围圈之中，顿时陷入混乱，随后新巴比伦军队和古埃及军队展开了激战。

新巴比伦王国军队虽然只有一万八千余人，连古埃及-亚述联军的一半都不到，但是装备却远比古埃及人先进——尽管古埃及军队中的希腊雇佣兵装备和新巴比伦王国军队不相上下，但是他们的人数还不足以改变战争的结果。经过一番激战，古埃及军队在新巴比伦军队面前溃不成军，大量古埃及士兵被杀死或被俘虏，尼布甲尼撒二世宣称没有一个古埃及人能活着离开（这或许说明被迫从西亚逃回埃及本土的尼科二世并未亲自指挥这支军队）。

经过卡赫美什战役的惨败，古埃及军队遭受沉重的打击，不得不放弃在西亚的领土，撤回埃及本土进行防御，而无力复国的亚述残余势力也烟消云散，强盛的亚述帝国就此宣告彻底灭亡。

由于新巴比伦王国的开国君主那波帕拉沙尔去世，在卡赫美什战役中大获全胜的尼布甲尼撒二世为了赶回首都继位，没有进一步追击古埃及溃军，在他顺利继位之后，展开了一系列巩固叙利亚地区控制权的军事行动。在四年后的公元前601年，他率领新巴比伦军队攻占了迦南地区，并向埃及本土发起进攻，尼科二世率领军队在边境勉强抵挡住了这次进攻，双方都损失惨重，无力展开进一步大战，最终尼布甲尼撒二世放弃了入侵埃及的计划。

尼科二世去世后，继位的普萨美提克二世为了对抗新巴比伦王国在边境线上的军事压力，继续推进与希腊和吕底亚地区的友好关系，他曾经煽动已经被吞并的犹太王国脱离新巴比伦王国转向古埃及。普萨美提克二世在位仅六年时间，随后继位的阿普里伊成功煽动腓尼基和迦南地区的城邦脱离新巴比伦王国的统治，并派出海军攻击当地的港口城市。尼布甲尼撒二世对此大为恼火，率领军队远征迦南地区，包围了耶路撒冷城并将之洗劫一空，将城中居民俘虏至首都巴比伦尼亚，这一历史事件就是著名的"巴比伦之囚"。畏于新巴比伦军队的强大实力，古埃及没有出兵保护背叛新巴比伦并投奔自己的

犹太王国，但却在下埃及三角洲地区收留了一部分逃亡至埃及境内的犹太居民。

阿普里伊在执政末期因为远征利比亚地区的昔兰尼加失败，导致军队内讧，部分军队哗变，他派将军阿赫摩斯前去平叛，结果阿赫摩斯反而得到了叛军的拥戴，被推举为新的国王，阿普里伊不得不逃离埃及，并死在国外。

为了与建立新王国的阿赫摩斯区分，这位新登基的阿赫摩斯被称为阿赫摩斯二世。他登基后调解了希腊雇佣兵和利比亚雇佣兵之间的矛盾，赢得了希腊雇佣兵的全力支持，作为回报，他允许希腊人在埃及境内建立自己的聚集地，也就是下埃及三角洲西部的瑙克拉提斯城。随着希腊移民的不断涌入，这座新城一度成为埃及、西亚、地中海地区的贸易中心，进行着粮食、橄榄油、葡萄酒、雪松等贸易，同时这里还拥有多种文明风格的建筑与神庙。

阿赫摩斯二世在位时期，正值波斯帝国的崛起，原本统治波斯人的米底王国被波斯国王居鲁士二世灭亡，后者建立起了著名的波斯阿契美尼德王朝。而原本和古埃及敌对的新巴比伦王国面临波斯人的威胁，不得不像之前的亚述人一样选择和古埃及议和，全力应对波斯的威胁，不过最终还是被波斯人所灭。

阿赫摩斯二世在位晚期将全部精力用在积蓄实力、试图对抗波斯人的侵略上，但在他死后不到一年的时间，他的继承者普萨美提克三世面对大军压境的波斯人竟毫无抵抗之力，被波斯国王冈比西斯二世击败并处死，古埃及第二十六王朝就此宣告灭亡。整个埃及领土全部被波斯阿契美尼德王朝吞并，古典史观里将这一时期视为波斯人统治的古埃及第二十七王朝。

尽管普萨美提克三世被处死，但是他的后代普萨美提克五世曾经趁着波斯国王大流士二世去世的动荡驱逐了波斯人，在舍易斯地区建立了古

居鲁士大帝浮雕

埃及第二十八王朝，但是这一王朝只存在了短短五年，随后建立的古埃及第二十九王朝和第三十王朝也都是通过叛乱建立起的短命王朝，最终波斯国王阿尔塔薛西斯三世通过两次远征，再次击败古埃及军队，最终占领了埃及。这一时间段被托勒密时期的祭司马涅托视为古埃及历史上的最后一个王朝——第三十一王朝。

尽管第二十九王朝和第三十王朝非常短命，但是值得一提的是，在这一时期，为了向来自斯巴达等希腊地区的雇佣兵支付报酬，古埃及人开始按照希腊人的习惯，向他们支付由贵金属铸成的货币（在古埃及一般是金币），这也是埃及地区最早的货币起源，这些用贵金属作为一般等价物的交易形式代替了埃及传统的以物易物和以物代酬的交易习惯，对于古埃及来说是经济学上的一次质的飞跃。

她名为埃及

克里奥帕特拉七世

波斯人占领埃及之后，埃及本土的反抗势力并未完全屈服，总是趁着尼罗河频繁泛滥、波斯帝国内乱的时机进行反抗，期间一度将波斯人从埃及驱逐出去，建立起了第二十八王朝、第二十九王朝、第三十王朝等几个短命本地王朝，但是波斯人在稳定了本土的局势后，很快率领大军重新征服埃及。尽管没有证据支持希罗多德等古典作家书写的关于波斯人在埃及当地大肆破坏宗教信仰的情形，但是波斯人对曾经反叛的古埃及人进行了高压统治是显而易见的。

古埃及人和波斯人之间的矛盾日益激化，同时在地中海的对面，以马其顿王国的亚历山大三世为首的希腊人也和波斯人展开了旷日持久的战争。亚历山大在伊苏斯地区击败了波斯国王大流士三世，由于之前大流士三世从埃及征调了当地的总督和部队赶赴伊苏斯参战，导致这支军队全军覆没，波斯人在埃及境内的统治岌岌可危，被打击压制的埃及本土反抗势力再次崛起，而亚历山大经过泰尔围城战和加萨围城战两次战斗后彻底清除了波斯人在叙利亚和迦南地区的势力，得以顺利进入埃及境内——作为驱逐了波斯势力的人，亚历山大被古埃及人视为英雄和解放者，得到了他们的热烈欢迎，同时也理所应当地将其视为了古埃及的国王。

传说亚历山大在埃及北部沿海一处与海岸平行的石灰砂岩山脊上选址建立起了一座海港城市，并以他自己的名字将其命名为亚历山大里亚，实际上这座城市是由他的部下托勒密规划建设的。

完成了对埃及地区事宜的安排之后，亚历山大动身穿过埃及西部的沙漠前往著名的锡瓦绿洲，拜访位于那里的锡瓦的阿蒙神庙。值得一提的是锡瓦的阿蒙原本是利比亚地区部落所信仰的神，和古埃及原本的阿蒙神并无关系，但是经过利比亚部落将其带入埃及之后，最终和古埃及本土的阿蒙神融为一体。亚历山大拜访了当地的神庙后，如愿得到了当地神庙祭司的"神谕"，即承认了他是阿蒙之子，是埃及当地的合法统治者。后来亚历山大东征时期就经常向父亲阿蒙神献祭，由于这个阿蒙以头长公牛角的形象出现，亚历山大死后，他被神化的形象上也长出了同样的公牛角。

亚历山大大帝

得到神谕之后，亚历山大率军离开埃及继续东征，直到公元前323年他突然在巴比伦去世都没能再次回到埃及，但他对埃及的感情非常深厚，希望自己死后能按照古埃及的习俗葬于埃及，而他的一些部将，例如摄政王佩尔狄卡斯等人并不同意将这位传奇大帝葬于外国，决定将其遗体用马车运回马其顿安葬。一直控制着埃及地区的亚历山大部下将领托勒密派人在叙利亚地区劫持了亚历山大的灵车，并将其运抵孟菲斯城并择地安葬，这件事引起了轩然大波，并直接导致了第一次继业者战争的爆发。

托勒密在第一次继业者战争中和亚历山大帝国的其他政权对抗，力保埃及本土和埃及周围地区的控制权，并于公元前305年在埃及正式登基，被称为托勒密一世，统治埃及275年的托勒密王朝就此建立。

托勒密一世在位期间，致力于维护埃及本土的安全，同时积极参与对抗试图重建亚历山大帝国的安提柯的战争，最终安提柯在伊普苏斯战役中阵亡。托勒密一世则趁机夺取了迦南地区和叙利亚，但是对抗安提柯联盟的其他国家要将叙利亚地区划分给塞琉古王朝，这个要求被托勒密一世拒绝，由于托勒密一世和塞琉古一世是亚历山大麾下多年的战友，塞琉古一世并没有追究这个问题，但这也为后来托勒密王朝和塞琉古王朝关于叙利亚归属而引发的上百年的战争埋下了隐患。

托勒密一世晚年按照古埃及的共治传统，和自己的儿子托勒密二世一同治理埃及，而他则将主要精力投入到为挚友、领袖的亚历山大大帝撰写传记上，作为亚历山大战争的亲历者，他的记录被后世许多为亚历山大立传的作家所引用。

托勒密一世去世后，王位由托勒密二世继承，和他一生争战的父亲不同，托勒密二世更热衷于文化建设，竭力把自己塑造成一个热爱古埃及传统文化的形象，为此他甚至废黜并流放了原配，像传统古埃及王室那样和自己的亲姐妹结婚。在他的任期内，古埃及托勒密王朝的行政体系和行政区划得以最终成型，同时他还清点丈量了埃及的全部土地，并发明了包税人制度来加强赋税体系（一些人事先缴纳一定财物给国王来取得税收权，通过实际税收与预缴费之间的差额来盈利）。

与此同时，托勒密二世开始了包括丹德拉神庙群在内的众多古埃及神庙建设，其中一部分神庙得以保存至今。他还开始了亚历山大图书馆的扩建工作并赞助了各方面的研究，例如祭司马涅托就是在他的授意和支持下，为古埃及历史进行断代划分，并将各时

亚历山大图书馆想象图

期的历史整理记录为著名的《埃及史》五卷，前文中提及的古埃及总计31个王朝，就是在此书中进行划分的。

托勒密二世虽然努力把自己塑造成一个和平君主的形象，但在他执政期间，古埃及还是对努比亚地区以及小亚细亚地区发动了战争，并和塞琉古王朝展开了两次争夺叙利亚地区所有权的战争，但他最终战败了，不得不将自己的女儿嫁给塞琉古国王安条克二世，并以嫁妆的形式做出了大量的战争赔付。

托勒密二世去世后，他的继承人托勒密三世先是通过联姻的手段，让早年从埃及分裂出去的昔兰尼加重回埃及，又因为嫁到塞琉古王朝的姐妹卷入王位纷争被杀而向塞琉古王朝宣战，他的军队占领了叙利亚并一度进攻到巴比伦尼亚地区，沉重地打击了塞琉古王朝的势力，后来因为埃及本土发生平民暴动，不得不和塞琉古王朝议和，双方停止了这次战争。而埃及这次的本土平民暴乱则是因为过高的税赋和尼罗河水位降低导致的饥荒，这次暴动虽然很快就被平定，但后续影响一直持续到了一个世纪之后。

继承了托勒密三世王位的托勒密四世是个昏庸无能的国王，登基之初就为了保护自己的王位而大肆残杀包括他母亲和兄弟在内的众多王室成员，之后又被大臣们把持了政权。虽然托勒密四世在第四次叙利亚战争的拉菲亚战役中击败了塞琉古王朝的安条克三世，但是因为国内局势动荡和军力空虚，让一名埃及本地人霍尔温尼菲尔把握时机自立为王，并控制了包括底比斯在内的上埃及众多地区。与此同时，努比亚的麦罗埃王朝也大举入侵埃及本土，和霍尔温尼菲尔达成联盟，不断和托勒密王朝军队展开对抗，托勒密四世还没有来得及平定这次叛乱，就已经去世了。

继位的托勒密五世只有不到五岁，在一些权臣的操纵下登基，此时的古埃及托勒密王朝面临着被塞琉古王朝和马其顿王国瓜分的危机，不得不试图讨好正在崛起的罗马帝国，但都被罗马人所无视，这导致托勒密王朝在两国的攻击下节节败退，并丢失了不少的领土。托勒密五世成年并正式登基之时，作为庆贺，古埃及祭司们在孟菲斯召开了一次宗教会议，颁布了孟菲斯教令，教令记载了粉碎下埃及叛乱而获得的胜利，以及减免埃及各地神庙税赋的命令。这份教令被用包括古埃及圣书体、古埃及僧侣体和希腊文三种字体铭刻在两块石碑上，其中一块名为努巴拉石碑，另一块则是著名的罗塞塔石碑。

在托勒密五世执政的中晚期，托勒密王朝军队最终击败了努比亚军队，生擒并处死了叛乱的埃及本土国王，最终平定上埃及的叛乱，重新统一了埃及，但是托勒密王朝的实力一落千丈，再也不复之前的繁荣辉煌。

托勒密五世29岁英年早逝之后，托勒密王朝的王位交替频繁，国内局势动荡不安。在托勒密十二世在位时期，动荡不安的托勒密王朝几近灭亡，甚至要向罗马交纳贡金才能苟延残喘。到了托勒密十三世登基并与他的姐姐同时也是王后的克里奥帕特拉七世共治时更加不稳定，此时的克里奥帕特拉七世仅有17岁。

不久，克里奥帕特拉七世就因为和托勒密十三世之间的王权斗争而被迫流亡至罗马，此时正值罗马内战，凯撒击败了庞培并一路追击至埃及，克里奥帕特拉七世也趁机回到了埃及。大权在握的托勒密十三世为了讨好凯撒，自作主张杀死了来到埃及的庞培并将他的头献给凯撒，但适得其反，反而激怒了凯撒（庞培的妻子是凯撒的女儿茱莉亚）。克里奥帕特拉七世则趁机秘密会见凯撒，成功赢得了对方的支持，克里奥帕特拉七世说服凯撒放弃吞并埃及的打算，转而支持她消灭托勒密十三世，罗马援军抵达埃及后击败了托勒密十三世的军队，托勒密十三世在尼罗河中溺亡。克里奥帕特拉七世则在凯撒的扶持下再次登基成为古埃及女王，并和另一个弟弟托勒密十四世共治埃及，不过古埃及的政权显然控制在凯撒和克里奥帕特拉七世手中。

克里奥帕特拉七世与凯撒一同返回罗马，几年后凯撒在元老院遇刺而死，克里奥帕特拉七世返回埃及，杀死了傀儡托勒密十四世，并扶持她与凯撒的儿子凯撒里昂登基成为托勒密十五世，也是古埃及历史上最后一位被冠以"法老"之名的国王。

凯撒遇刺身亡后，罗马再次陷入内战，克里奥帕特拉七世统治的托勒密王朝全力支持安东尼对抗屋大维，引发了罗马人对托勒密王朝的极度不满，最终安东尼和克里奥帕特拉七世率领的舰队与屋大维率领的舰队在亚克兴角爆发大规模海战，安东尼的军队因克里奥帕特拉七世率领的舰船突然撤退而惨败，他本人也在败退回亚历山大里亚之后自杀身亡。

屋大维占领亚历山大里亚之后，不愿和克里奥帕特拉七世联盟，克里奥帕特拉七世因此自杀身亡，她的儿子托勒密十五世在试图逃离埃及时被屋大维擒获并处死，托勒密王朝就此灭亡。从此开始，古埃及作为一个独立主权国家的历史就正式宣告终结，沦为了罗马的一个行省，之后又在公元七世纪被阿拉伯人占领。

　　尽管古埃及的历史就此终结，但古埃及的宗教、文化、艺术以各种形式流传下来，一直影响至今。

罗塞塔石碑（复制品）
摄于开罗博物馆，2018 年

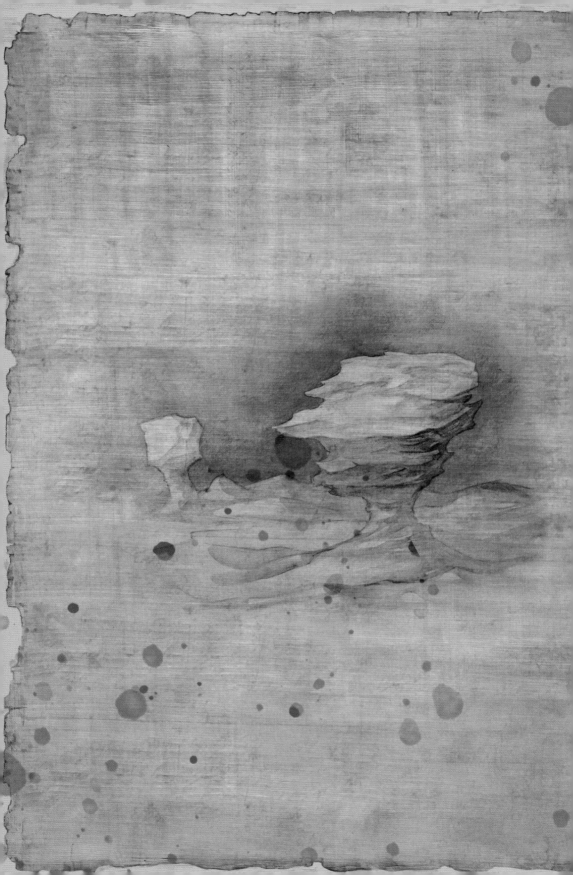

地理篇

纸草之河

尼罗河洪水之神哈皮
他抱着纸莎草和莲花,
象征丰饶富足

尼罗河起源于东非高原的维多利亚湖，从埃及三角洲地区流入地中海，全长约6650千米（长度因源头的具体位置有争议），平均深度8～11米，在阿斯旺地区径流量为2830立方米每秒，在开罗地区径流量为1400立方米每秒，是非洲最长的河流，也是东非和北非地区唯一的国际河流，流域覆盖坦桑尼亚、乌干达、卢旺达、布隆迪、刚果（金）、肯尼亚、埃塞俄比亚、厄立特里亚、南苏丹、苏丹和埃及等11个国家和地区，是东非、北非地区重要的水源和交通要道。

尼罗河的两条主要支流分别是白尼罗河和青尼罗河，它们是根据泥沙携带量导致的水流颜色差异来进行区分的。白尼罗河起源于坦桑尼亚与乌干达之间的维多利亚湖，经过一段漫长的沼泽地带后在苏丹的喀土穆与发源于埃塞俄比亚高原的青尼罗河交汇，共同形成了下游的尼罗河。尼罗河随后进入落差巨大的阶梯瀑布区，前后经过六层阶梯瀑布后进入狭长的尼罗河谷地，一直流到今天的开罗附近进入尼罗河三角洲，分隔为东西两条支流汇入地中海。

对于古埃及人来说，尽管尼罗河的水量在国际大型河流中几乎是最少的（尼罗河水量只有刚果河的5%），但依然为沿岸居民带来了赖以为生的水源，以及便利的交通，古埃及绝大多数城镇和几乎所有人口都集中于尼罗河沿岸，许多古埃及遗址都分布在尼罗河两岸，城市布局完全由尼罗河的流向和泛滥的高度所决定，因此可以说，尼罗河自古以来就是埃及的母亲河。

地中海

第一瀑布

第二瀑布

第三瀑布

第五瀑布

第四瀑布

第六瀑布

白尼罗河　青尼罗河

尼罗河

古埃及人称呼尼罗河为哈皮（hapy），意为河流，这也是古埃及人的宗教信仰中的尼罗河洪水之神的名字（值得注意的是，哈皮并不是尼罗河之神），它象征着每年洪水季都会准时到来的尼罗河洪水。洪水携带着来自青尼罗河的肥沃淤泥沉积在两岸被淹没的滩涂上，等到洪水退去进入播种季，古埃及人会在这些淤泥地上进行种植，并在收获季收割采摘农作物，例如大麦、小麦等。正是由于古埃及人赖以为生的农业全靠这位哈皮带来的周期性泛滥，他也获得了"带来植物的河流之王"的称号。

古埃及人对尼罗河上游的认识受到阶梯瀑布区的限制，从历史上看，古埃及人最远曾抵达过第四阶梯瀑布，但被第五阶梯瀑布所阻拦，崎岖险峻的地形使他们无法越过阶梯瀑布继续追溯，这让他们认为尼罗河就发源于阶梯瀑布上的一处洞穴之中，与杜亚特冥界中的蜿蜒河道相连通，上文提到的洪水与丰收神哈皮就生活在这个洞穴中。

尼罗河洪水之神哈皮

上埃及的哈皮佩戴着莲花（左），下埃及的哈皮佩戴着纸莎草（右）

古埃及人称呼从阿斯旺到第五阶梯瀑布之间的地区为库什（Kush），将这里的土著称为麦德查人，也就是后来埃及学家们所称的努比亚人。古埃及人早期对库什地区的开发以血腥征服为主，他们在这里对当地土著居民展开灭绝式的屠杀，并将俘房和他们的粮食、财物、牲畜、矿产和木材用船运回埃及本土，这给当地土著造成了沉重的伤害。

羊神克奴姆在陶轮上制造生命

后来的古埃及人则开始有意识地控制这些被征服的地区，在尼罗河阶梯瀑布附近依次修建堡垒、防御墙，设立"库什总督"之职，以便对附近地区展开持续的掠夺和奴役。

从努比亚地区沿尼罗河而下，经过塞努塞尔特一世曾经远征并控制的布亨古城遗址（今天苏丹的瓦迪哈勒法），尼罗河就进入了今天的埃及境内，因为下游修建的阿斯旺大坝，如今的这一段尼罗河水面变得非常开阔，被称为纳赛尔湖。在纳赛尔湖的西岸，就是著名的阿布辛贝勒神庙遗迹——这座神庙因修建者拉美西斯二世而颇具传奇色彩，又因探险家们的重新发现而闻名世界，随后由于阿斯旺大坝修建后不断上涨的河水威胁，而在国际社会的支持下完成了整体切割搬迁再次引发轰动。

纳赛尔湖靠近阿斯旺大坝的地方有一座名为菲莱岛的岛屿，这里是古埃及和努比亚地区的传统边界，来到这里就进入了传统意义上的上埃及地区。这里同时也是古埃及和努比亚之间的贸易枢纽，由于要通过陆路来绕开阶梯瀑布，双方交易的货物会在这里进行转运。

古埃及人相信羊神克奴姆和他的妻子象神沙提以及他们的女儿安穆凯一家三口就居住在这座岛上。由于古埃及人认为克奴姆掌管着尼罗河河水的泛滥，这决定了农作物能否丰收，因此早在古王国时期，古埃及人就在岛上建造了供奉克奴姆的神庙并向他祈祷，时至今日岛上还有第三王朝时期的神庙遗址。

另外菲莱岛还是埃及神话中的冥神奥西里斯的埋葬地之一。岛上有著名的菲莱神庙，是托勒密时期为奥西里斯的妻子伊西斯女神而修建的。和阿布辛贝勒神庙相同，它的原址也在阿斯旺大坝开始蓄水后遭到河水浸泡，为了保护神庙主体，埃及政府在菲莱神庙周围修建堰体并排干河水，之后将整座庙宇切割并搬运到距离菲莱岛500米外海拔较高的阿基勒基亚岛上原样重建，从而同样避免了被上涨的河水冲毁的命运。

菲莱岛北方不远处就是著名的阿斯旺大坝，尼罗河通过阿斯旺大坝后河面宽度达到650米，从这里一直到1200千米外的地中海都不再有任何堤坝、瀑布的障碍，所有船只都可以畅行无阻。阿斯旺地区被古埃及人称为斯维内特（Swenett），这个名字来源于古埃及词语"贸易"，是古埃及人能够稳定控制的尼罗河最上游的城市，也是古埃及最靠近南部边境的城市，它对上埃及的重要性不言而喻。

距离阿斯旺市南2千米处的吉贝尔-廷加（Gebel-Tingar）有一个从古埃及时期就已经开发的采石场，这个采石场沿尼罗河而建，全长6千米，主要开采的石材是一种带有粉红色矿脉的名贵花岗岩，许多古埃及建筑、石碑所用的石料都是从这里开采后通过尼罗河水路运输到下游各地的，几乎在所有的埃及古代遗址中都曾发现过这种花岗岩。

尽管尼罗河穿城而过，但由于地处热带沙漠气候和北回归线附近，阿斯旺迄今为止也是世界上最干旱的城市之一，经常数年甚至十多年不下雨，年平均降水量不足1毫米，因此也是世界上日照最充足的城市之一。

尼罗河穿过阿斯旺后继续向北，经过陶德地区之后河道向东偏转，来到了埃及南部最大的城市卢克索，也就是古埃及时期最负盛名的古都——底比斯。这座古城在古王国时代还只是一个普通定居点，而到了中王国时期，由于地处哈马马特干河（由尼罗河通往红海的要道）与阿斯旺之间，当地成为上埃及地区与红海、蓬特、西奈半岛的重要交通枢纽。

正因为这样特殊的地缘优势，到了第十一王朝孟图霍特普二世时期，国王决定将底比斯定为首都，称之为瓦塞特（王权杖之城），在此大兴土木，修建宫殿、神庙，底比斯一千多年的建都史由此开始。

提及流经底比斯的尼罗河，就不得不提到一位在埃及考古历史上留下过重要一笔的人物——意大利人贝尔佐尼。这位大力士出身、在地中海东岸寻找发家致富机会的探险家因为他对埃及古迹的发现和掠夺而名噪一时。1816年6月底，他从开罗出发沿尼罗河溯游而上，并在7月中下旬抵达卢克索，他来此的目的令当地人颇为震惊——他要用尼罗河船运的方式，将一尊倒在地上的拉美西斯二世巨型雕像运到英国去。

为此贝尔佐尼雇佣了几十名当地工人，并通过贿赂的方式使奥斯曼帝国在当地的总督批准了搬运工作，随后他带领工人们用八根杠杆做成架子，用绳子将这座巨像牢牢固定，并用其余的杠杆前后交替滚动的方法来搬运，工人们用了10天的时间将雕像搬运至1200米以外的尼罗河岸边，当这尊逾七吨的巨像被运上船时，当地的工人们都以为船会

厄勒柏尔舍遗址
搬运雕像壁画

沉没，但令他们惊奇的是，船仅仅是下沉了一大截。这尊雕像最终被运抵英国，如今在大英博物馆中展出。

尽管这种针对文物的劫掠行为十分可耻，但贝尔佐尼的所作所为无意间复现了当年古埃及人是如何利用船运来实现巨石长距离运输的，几十人利用简单的杠杆原理和滚木的方式就能在短时间内将沉重的物体搬运一定的距离——事实上，埃及考古学家们确实在一些古埃及时期的壁画上发现了工人们利用木橇、绳索和洒水来集体搬运巨型雕像的画面。

在陶德发生偏转的尼罗河在流经丹德拉地区时开始回流向西，丹德拉是古埃及哈索尔女神的主要崇拜地，托勒密时期曾经在此地修建著名的丹德拉神庙，古埃及人从希腊地区学习到星座划分的知识后，结合古埃及文化在此处绘制了著名的"丹德拉星图"，反映了古埃及晚期的天文学的发展。由于哈索尔与荷鲁斯在埃及神话中是配偶神，因此每年丹德拉神庙都会用船载着哈索尔神像沿着尼罗河溯游而上，前往上游供奉荷鲁斯的埃德夫神庙，让他们相聚。

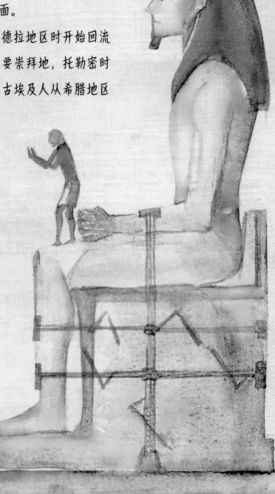

尼罗河的偏转在阿拜多斯地区回归原本流向，随后经过提尼斯、艾赫米姆、巴达利等古代城市遗址，来到艾斯尤特。艾斯尤特位于尼罗河谷中，两边都是600米高的山峰，从这里开始，尼罗河的河道就不再出现太大的偏转，一路向北流去，直到汇入地中海。因此从古埃及时期开始，艾斯尤特在狭长的尼罗河谷中有着重要的战略地位。早在混乱的第一中间期时，控制着中部埃及地区的赫拉克里奥波利斯王朝就以此地为边境，和南方的底比斯王朝展开了旷日持久的拉锯对抗，最终以底比斯王朝获得了胜利而告终，艾斯尤特也因此衰落了下来。

艾斯尤特向北不远，就到了著名的阿玛尔纳古城遗址。这里是古埃及第十八王朝的阿赫那顿国王为了摆脱底比斯阿蒙祭司干政，而在距离底比斯400千米外的中埃及河谷地带规划、兴建的一座新都城。这座新都城跨尼罗河而建，由目前已经发现的13块石质界碑圈定了它的大致范围（尼罗河东岸发现了10块，尼罗河西岸发现了3块）。由于这座都城在阿赫那顿死后就遭到拆毁废弃，因此它的遗迹反而非常好地保存到了今天，直观地体现出了尼罗河是如何影响埃及古城的规划布局的——从遗址的地基可以清晰地看出，这座当时的新首都分为南北两个区域，其中宫殿和神庙位于北区，居民住宅则位于南区，而贯穿两区的国王大道则几乎平行于尼罗河的河道。

尼罗河穿过阿玛尔纳继续向北，就到了著名的赫尔摩波利斯，这座位于尼罗河西岸的古城是上埃及第十五州的首府，也是埃及神话中三大体系之一的赫尔摩波利斯神系的起源地，这个神系以从原始水域中出现的8位神祇为主，他们分别是4名蛙首造型的男神和4名蛇首造型的女神，这些水生生物的形象无疑体现了他们和尼罗河水之间的紧密联系——值得注意的是，即使不算尼罗河洪水神哈皮、克努姆或者水神安穆凯、鳄鱼神索贝克等与尼罗河密切相关的神祇，那些有着不同身份、看似与尼罗河没有关系的古埃及神其实都或多或少与尼罗河有着一定的关联，例如大地之神盖布，他就被视为是尼罗河洪水之神哈皮的朋友，两者亲密无间，就像尼罗河流淌在埃及的大地之上一样。而身为植物神的奥西里斯则与尼罗河之间有着更显著的关联，他被认为溺死于尼罗河中，随后遭到分尸，尸体的碎块散布于尼罗河沿岸各地，其中一部分碎块还被俄克喜林库斯当地的一种象鼻鱼吞掉，结果连这种鱼也在当地受到人们的崇拜。

从赫尔摩波利斯开始，尼罗河途经贝尼哈桑、哈代、赫拉克里奥波利斯等古城，来到位于法尤姆绿洲和尼罗河流域交界处的拉珲。法尤姆绿洲的莫里斯湖是尼罗河一个较大的分支水域，在中新世晚期的时候，这里原本是一处由低矮的山丘包围的干涸盆地，随着尼罗河河床不断被河底的淤积物抬高，最终尼罗河水冲破了山丘的阻碍，漫灌的河水形成了一片沼泽，但当时的尼罗河对这里的水源补充并不稳定，只有洪水季才能有部分河水灌注其中，因此在中王国时期之前，这里只有少量居民定居，还没有形成大规模的农业区域。

到了中王国时期，第十二王朝的历代国王们采用人工挖掘的方式，将尼罗河流入法尤姆绿洲的河道疏通、拓宽成一条长24千米的人工运河（这条运河今天被称为优素福河），让尼罗河能够源源不断地流入法尤姆盆地，形成足以支撑当地灌溉农业发展的几个湖泊，同时给沿岸地区带来尼罗河上游冲击下来的肥沃淤泥，以利于农业发展，最终流入当地的咸水湖——莫里斯湖。直到这时，法尤姆绿洲才正式形成。古埃及人利用法尤姆地区进行了大规模的种植（大麦、无花果、棉花）和捕鱼（当地盛产罗非鱼），并延续至今。

圣鱼象鼻鱼

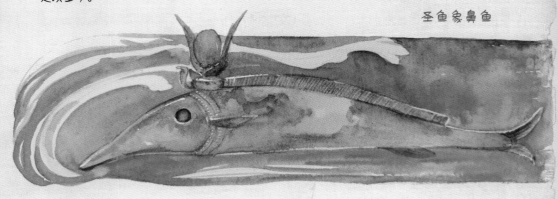

尼罗河主河道从拉珲地区东侧继续北上，直达孟菲斯地区，也就是埃及今日的首都开罗南部20千米处。因为这里地处狭长的尼罗河谷与三角洲的连接处，所以也被古埃及人视为上下埃及区域的分界点，为了更好的统治上下埃及，古埃及早王国时期的国王们在这里建立了古埃及历史上第一座都城——"白墙"。时至今日，这里仍是埃及的政治、经济、文化和商业中心，也是人口最密集的区域。

尼罗河到达孟菲斯后，就离开了狭长的尼罗河河谷，唯一的河道因为河谷的消失而变得突然开阔，原本湍急的河流也逐渐平缓，并被尼罗河年复一年沉积下来的淤积物分割成树枝状河网，分为多条河流流经下埃及扇形冲积三角洲，最终汇入地中海。在古埃及时期，尼罗河总共分为七条河道汇入地中海，因此被称为"七河入海"，但随着时间的推移，一些河道因为河床的不断淤积抬升而最终断流，到今天尼罗河只剩下西部的罗塞塔河与东部的达米耶塔河两条河道流入地中海。

在后王国时期，很多沿尼罗河分布的下埃及城市，例如伊拉克利翁、罗塞塔、布托、舍易斯、布西里斯、布巴斯提斯、阿瓦利斯（佩-拉美西斯）、塔尼斯等，都凭借临近河道或地中海的区域优势，成为了各个王朝的首都或重要的海港城市。

由于下埃及三角洲相对于狭窄的上埃及河谷来说面积宽阔，土壤肥沃，水系纵横交错，因此远较上埃及更适宜大面积耕种。古埃及人很早就充分开发了下埃及三角洲的土地用于耕种、养殖、放牧、捕鱼等生产活动，因此下埃及三角洲地区各条尼罗河支流沿岸很早就分布了数量众多的居民点，并在随后逐渐发展为规模较大的城市。下埃及的主要农作物除了古埃及人赖以为生的原始单粒大麦和原始二粒小麦之外，还包括扁豆、鹰嘴豆、蚕豆等豆类作物，以及生菜、欧芹、洋葱、大蒜、萝卜等蔬菜，这为古埃及人的餐桌提供了丰富的口味和营养。

除此之外下埃及地区还种植了包括亚麻和纸莎草等重要的经济作物。埃及的纸莎草可能起源于上游苏丹境内的尼罗河滩涂中，那里生长着数量惊人的野生纸莎草，并很可能被尼罗河将种子带到了埃及境内从而广泛生长。古埃及人会在尼罗河滩涂上栽培这种植物，它的嫩芽和内杆可以食用，也可以将它的表皮剥下制成书写的载体——莎草纸，同时莎草还可以被用来编制篮子、席子、鞋子等日常用品，一些平民穿着的缠腰布也是用它制作的。而亚麻则可以被用来制作亚麻布、绳索或者用来榨亚麻油。亚麻布可以加工成舒适的缠腰布，古埃及人也会用它来缠裹死者的尸体，古埃及女神奈芙蒂斯（死者的守护神）的头发就被描述为由亚麻布组成。

为了便于在淤积地耕种，古埃及人在新王国时期从叙利亚引进了水牛，这种水牛皮厚力大耐浸泡，很适合在经常漫水的尼罗河滩涂地区活动，因此很快就取代了之前的埃及原始品种，成为埃及最常见的耕牛。

同时为了更好地利用尼罗河水资源，古埃及人还开发了人工灌溉系统，他们在田地间挖出纵横的人工渠道，并利用原始的杠杆吊桶将尼罗河水引入高处的水渠之中，便于远离尼罗河的地区实现灌溉。除了在农田中，古埃及人还在水果种植园和花园推广这种引水渠道。这些水利设施通常由政府统一管理。从蝎王权标头上可以发现，早在公元前31世纪，古埃及人就已经有意识地开发人工沟渠来进行尼罗河水资源的管理。

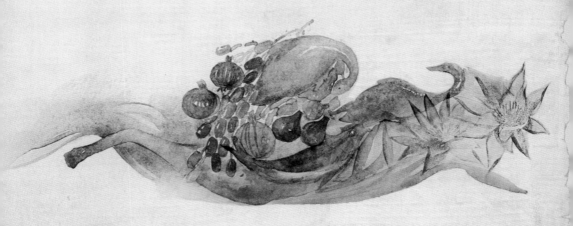

火与海之地

　　对于埃及人来说，离开狭长的尼罗河谷地与水土丰茂的三角洲地区，冒险进入占据埃及三分之二面积的沙漠是非常不明智的行为。作为世界上面积最大的撒哈拉沙漠的组成部分，占据了尼罗河以西地区的西部沙漠常年受副热带高压的控制，再加上撒哈拉沙漠干热风的影响，导致降水奇缺，气候炎热干燥，可以算得上是生命的禁区。但这里有众多矿物、石油资源，还有着壮观的自然奇景，以及令人叹为观止的远古时期人类留下的岩画。因此在西部沙漠中的一些传统绿洲，例如锡瓦、拜哈里耶（al-Bahriyah）、费拉菲拉（al-Farafirah）、达赫拉（ad-Dakhilah）、哈里杰（al-Kharijah）等，依然有少量埃及人选择定居于此。

西部沙漠因在埃及境内尼罗河谷地以西而得名。它西与利比亚沙漠相连，南部则一直延伸到苏丹境内。西部沙漠是典型的岩石沙漠，总面积约68万平方千米，最高处为吉尔夫凯比尔高原（海拔1000米），最低处则是盖塔拉洼地（海拔-133米）。在这片广袤的沙漠地带中，最著名的旅游景点当属"黑白沙漠"。

黑白沙漠并非是一片沙漠的名称，而是位于拜哈里耶绿洲附近的黑色沙漠和位于南方的费拉菲拉绿洲附近的白色沙漠的合称，由于两处沙漠的地质构成不同，从而导致它们出现截然不同的颜色的视觉奇观。

黑色沙漠（al-Sahara al-Suda）地处马特鲁省拜哈里耶绿洲附近，位于开罗西南约370千米，远远望去像是一片被黑色沙子覆盖的荒漠。事实上，组成这片沙漠的沙子和利比亚沙漠其他地区的沙子一样都是黄褐色，之所以呈现黑色，是因为它的内部遍布着数量众多的火山丘陵，这些如群岛般散落于黑色沙漠中的丘陵普遍高度约百米，是侏罗纪时期火山喷发留下的地表痕迹，它们多数由黑色玄武岩、铁质石英岩、辉绿岩或者铁质砂岩组成，在这些深色的岩石的衬托下，再加上风化的黑色矿物粉末广布于沙砾之中，整个沙漠就呈现出近乎黑色的奇妙景象。

从自然景观的角度来说，黑色沙漠可以说是全景展现当地环境、气候变化的化石"博物馆"，从20世纪初开始至今，这里出土了包括棘龙、潮汐龙在内的多品种恐龙的化石，这些恐龙化石的存在证明了它们身处的拜哈里耶绿洲和黑色沙漠在侏罗纪时期还是一片潮湿的沼泽地区——当地发现了化石林地的痕迹，充分证明了当时的气候远没有今日干旱。由于美国科研团队在此地发现了迄今为止第二大的恐龙化石，2010年，埃及政府宣布将该地区划为自然保护区。

而从人文的角度来说，拜哈里耶绿洲和黑色沙漠也记录了从史前到现代的历史变迁，早在新石器时代，拜哈里耶绿洲就已经有人类生活的痕迹——当地发现的史前狩猎遗址中出土了石质箭头、石凿、磨刀石、石刀等工具以及一些破裂的蛋壳，证明了这些史前人类的狩猎活动已经抵达此处。可以确定古埃及人在中王国时期就已经知道了这处绿洲的存在——卡摩斯国王在驱逐喜克索斯人的战争中曾经派遣军队抵达过这处绿洲，同时期这处绿洲的名称"Djesdjes"也见诸于卢克索神庙一幅描述地理方位的壁画铭文之中。

　　到了新王国时期，古埃及人不再用中王国时期的旧称"Djesdjes"来称呼拜哈里耶绿洲，而将其称为"北方绿洲"（wḥt mḥt），从此这处绿洲的名称被固定了下来，并一直在不同语言中沿用到了今天——拜哈里耶的阿拉伯语意同样是"北方绿洲"。新王国时期，古埃及人对这处绿洲进行了开发，一些人开始定居下来，并在死后埋葬于此，目前在当地能够找到的最为古老的墓葬就属于第十八王朝时期的居民。

黑色沙漠

从此拜哈里耶绿洲就始终归于古埃及的统治之下，到了希腊罗马时期，绿洲人口和经济更是得到了相当程度的发展，人们在埃德夫修建荷鲁斯神庙的时候将古埃及统治下的各处绿洲名单罗列在神庙的墙壁上，北方绿洲的名字也被列入其中。

1996年，当地负责古迹保护的警卫员在例行巡逻时，意外踏破了一处尘封了两千多年的古墓封土，发现了一座数量惊人的希腊罗马时期的集体墓穴。得到消息的埃及考古局局长扎西·哈瓦斯意识到这个发现的重要性，他率领考古队进驻当地，经过勘查，在最初发现的墓穴附近初步发现了4座墓穴共计105具木乃伊。其中最奢华的是第二十六王朝时期一名当地大祭司的墓葬，他的木乃伊包裹着金箔，保存在一尊重达15吨的石灰石棺材当中。随着近年来（1999—2010年）当地考古工作不断推进，目前已清理的墓葬共34座，出土的木乃伊数量达到了234具，这些木乃伊生前的阶级、财富各不相同，因此其制作工艺、随葬品数量也有较大的差异。这些墓葬中出土了大量希腊罗马时期的玻璃器皿、铸币、死亡面具等随葬品，可以确定其中绝大多数都是生活在这一时期的当地居民。埃及学家们将这些位于拜哈里耶绿洲中的大规模墓葬视为1922年发现图坦卡蒙墓之后埃及最重要的考古发现，因此将这些墓葬统称为"黄金木乃伊谷"。

由于这项惊人的考古发现，拜哈里耶绿洲在国际上获得了极大的知名度，生活在当地的居民们由原本单一的农业开始向旅游业和服务业转行，带领游客们参观这些古代坟墓或者前往黑色沙漠旅游，成为了他们重要的经济支柱。

白色沙漠（al-Sahara al-Beyda）地处埃及新谷省的费拉菲拉绿洲附近，位于开罗西南约570千米，面积大约3010平方千米，是一片充斥着形态各异的风蚀蘑菇和白色沙砾的沙漠。与黑色沙漠相同，这里同样是撒哈拉沙漠和利比亚沙漠的一部分，不过由于该地区的地表覆盖着大片白垩岩层，经过成千上万年的侵蚀，残余的白垩岩层与散落在整片沙漠当中的白垩岩粉末一起，令沙漠呈现出奇特的乳白色。

白垩岩是由石灰岩地带的海底热液喷泉遇冷凝固成碳酸钙颗粒，在与单细胞浮游生物如球藻、红藻的遗骸混合后，经过漫长的地质时间逐渐在海底峡谷中沉积形成的。这片覆盖白色沙漠的白垩岩层的形成与古海洋环境密切相关，因此可以推断出费拉菲拉绿

白色沙漠

洲白色沙漠在很久以前，曾经是一片古老的海底峡谷。

　　费拉菲拉绿洲的开发历史与拜哈里耶绿洲相仿，最初都是由中王国时期的古埃及人发现并开发，古埃及人称呼这片绿洲为"牛的土地"（t·jḥw），说明当时这里有一些野生的牛科动物活动。中王国和新王国时期的古埃及人开发了一条依次连接各个绿洲的路径，因此这些绿洲都开始出现少量的定居者，但由于地处接近利比亚的沙漠地带，这些绿洲常常会遭到利比亚游牧民或者北非的柏柏尔人的洗劫。在新王国时期的国王美伦普塔赫留下的记功铭文中可以看到，一支利比亚游牧部落占领了费拉菲拉绿洲和拜哈里耶绿洲，并将它们作为对埃及法尤姆地区和中埃及河谷地区展开进一步侵略的基地，为此美伦普塔赫不得不召集军队进行远征，击败了这些利比亚游牧民，并将他们从这些绿洲驱逐出去。

　　由于绿洲环境的承载力有限，时至今日，费拉菲拉绿洲的常住居民也不过数千人，他们主要依赖着与白色沙漠相关的旅游业为生，这些曾经阻碍过他们出行的沙漠，现在却成了取之不尽的"无烟工业"宝库——这就如同分别诞生于火山活动与古代海洋的黑白沙漠一样，如今都已经变成了浩瀚无垠的撒哈拉大沙漠的一角，不禁让人感叹世界沧海桑田的巨变。

巨鲸沉眠于此

法尤姆绿洲周围的巨大化石，也许就是古埃及人幻想出索贝克、
阿佩普等神话生物的缘由

法尤姆绿洲位于埃及中部，是西部沙漠与尼罗河谷地之间面积最大、同时也是开发历史最悠久的绿洲，它的核心面积约1270平方千米，再加上绿洲边缘的半荒漠地带会扩大到1700平方千米，其中心城市法尤姆距开罗85千米。法尤姆绿洲是埃及中部地区面积最大的灌溉农业区，被誉为"埃及的粮仓"。

　　严格来讲，法尤姆绿洲并不能算是真正意义上的绿洲，三面被西部沙漠包围的它和拜哈里耶绿洲、费拉菲拉绿洲不一样，它并不具备充沛的地下水资源，完全依靠尼罗河水来维持绿洲植物生长、农田灌溉，这和地理上的绿洲定义并不完全相符。

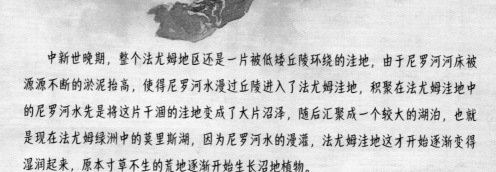

法尤姆绿洲

中新世晚期，整个法尤姆地区还是一片被低矮丘陵环绕的洼地，由于尼罗河河床被源源不断的淤泥抬高，使得尼罗河水漫过丘陵进入了法尤姆洼地，积聚在法尤姆洼地中的尼罗河水先是将这片干涸的洼地变成了大片沼泽，随后汇聚成一个较大的湖泊，也就是现在法尤姆绿洲中的莫里斯湖，因为尼罗河水的漫灌，法尤姆洼地这才开始逐渐变得湿润起来，原本寸草不生的荒地逐渐开始生长沼地植物。

由于受到青、白尼罗河两条主要支流的水量变化影响，尼罗河的涨落并不稳定，尤其是在"新石器时代湿润期"结束的古王国末期，连尼罗河本身都出现了较长时间的水位降低甚至大面积断流，由于长时间得不到尼罗河水的补给，法尤姆地区的沼泽重新变得干涸，植物也随之枯萎。因此在中王国时期之前，这里并没有多少定居者。

随着气候剧烈变化期的结束，尼罗河流量恢复到历史正常水平，洪水泛滥时又一次漫过法尤姆附近的丘陵流进这片洼地。而这时埃及再度被统一，正处于百废待兴之时，第十二王朝的国王们注意到了这片相对于狭长的尼罗河谷地来说较宽阔的绿洲地区，试图将这里开发成一片稳定的灌溉农业区，于是他们派人将原本偶尔漫过丘陵的尼罗河泛滥河道疏浚为一条长达24千米的人工运河，这样无论尼罗河是否泛滥，一部分尼罗河水都将源源不断地经运河流入法尤姆绿洲，为当地的灌溉农业提供水源以及富含营养的肥沃淤泥，最终汇入法尤姆绿洲的低洼处——莫里斯湖。由于湖水的不断蒸发和渗入地下，原本完全是淡水湖的莫里斯湖经过长时间的矿物质沉积，含盐量大幅提高，如今已经彻底变成了咸水湖。

随着中王国时期众多国王的开发，法尤姆绿洲第一次出现大规模的居住点，随后发展为城镇，古埃及人称呼这座城镇为Shedyt，它还有一个更广为人知的名字，也就是希腊人所称呼的"鳄鱼之城"（Crocodilopolis）。鳄鱼城位于法尤姆绿洲南部一处靠近优素福运河的山脊上，这里地势较高，让它避免因为尼罗河水大量涌入法尤姆绿洲而被淹没的情况发生。在第十二王朝时期，当法尤姆被开发成农业区之后，鳄鱼城就被视为当地的首府，控制管理着整个绿洲。

除了被当做古埃及的粮仓外，第十二王朝的国王们还将法尤姆绿洲中的拉珲、哈瓦拉等地区开发为王族的墓地，他们在这里修建了许多金字塔式墓葬，这些金字塔被埃及学家们统称为拉珲金字塔。不过拉珲金字塔的规模和质量都远不如吉萨金字塔，大多都已经坍塌成了废墟——例如塞努塞尔特二世为自己在拉晖地区修建的"塞努塞尔特闪耀"金字塔。有趣的是，这座金字塔为了防盗，违背了金字塔入口开在北侧的传统，将真正的入口藏在了东南方向上一座公主墓的地板下。

到后来，不仅是古埃及的王室成员，就连一些普通人也将墓地选在这里。当地最著名的文物应属"法尤姆肖像"，这是一种罗马行省时代埃及法尤姆地区常见的肖像画，一般用矿物颜料、油和蛋清将死者生前的面容绘制在面积约40cm×20cm的木板上，并放置于死者木乃伊的包裹之中，用来代替古埃及时期只有王室成员才用得起的黄金面具，以便死者的灵魂可以回来找到自己的身体。由于这个时期的埃及画师们已经学会了罗马的绘画技术，他们创作的这些数量惊人的肖像画生动且直观地反映了当时埃及法尤姆地区不同民族的长相，这其中包括埃及人、叙利亚人、利比亚人、努比亚人、希腊人、罗马人等。

法尤姆肖像
摄于埃及开罗博物馆，2018 年

不过鳄鱼城之所以得名，其主要原因还是当地广为流传的鳄鱼崇拜。人们认为鳄鱼神是尼罗河的化身，能够保护他们免遭尼罗河以及生活在其中的猛兽伤害，其中最著名的鳄鱼神就是索贝克，因此法尤姆就成了索贝克的崇拜中心。随着索贝克逐渐被视为国王力量的化身，以及与太阳神融合上升到国家主神的地位，作为索贝克崇拜中心的法尤姆在古埃及宗教中的地位也获得了一定的提升。许多国王都投入大量人力物力在此修建供奉索贝克的神庙以及配套建筑，并在此地设立了索贝克专属祭司的职位，这些索贝克的祭司被称呼为"鳄鱼神的预言家"，他们负责饲养被称为"索贝克之子"（Petsuchos）的驯化鳄鱼。这些鳄鱼被视为是索贝克在人间的化身和传达神谕者，祭司们为它们戴上黄金宝石饰品，接受崇拜者的祭祀，一旦这些被驯化的鳄鱼死去，它们的尸体会被制作成动物木乃伊，并挑选出新生的鳄鱼来代替它们。

通过法尤姆地区残留下来的大量与索贝克祭司有关的纸草文本，我们可以得知，和绝大多数古埃及时代的祭司一样，这些索贝克祭司都身处较高的社会阶层，是当地政治、宗教、经济方面的关键人物，他们能够通过组织祭祀活动、举办节日庆典、"获得神谕"等方式干涉当地行政管理、政策实施和商品贸易，这让索贝克信仰在古埃及灭亡之后依然存在了很久——直到罗马时代的公元四世纪，一些索贝克神庙仍在法尤姆绿洲持续运行着，甚至和进入法尤姆地区的早期基督教堂并存了很久。

由于古埃及人相信索贝克是一种体形远远超过现实中的鳄鱼大小的巨型鳄鱼，这让一些研究埃及神话的研究人员相信他们有可能是目睹了一种真实存在过的、生活于中始新世时期的巨型哺乳动物——龙王鲸的骸骨化石，而这种古生物化石保存最完好、出土最密集的地区正是在法尤姆附近的"鲸鱼谷"（Wadi Al-Hitan）。

鲸鱼谷位于法尤姆城以西60千米，是著名的古生物学遗址，也是埃及目前唯一一处联合国教科文组织认定的世界自然遗产（2005年7月认定）。

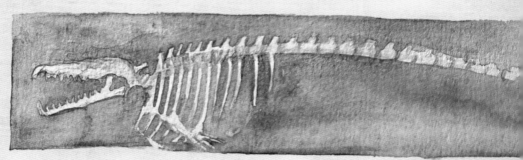

鲸鱼谷是一处被流水和风沙侵蚀形成的海洋泥岩山谷，这是一种只会出现在远古海洋中洋流较为平缓区域的沉积岩，考虑到法尤姆绿洲附近的费拉菲拉绿洲同样由只会产生于海底峡谷的白垩岩覆盖，因此可以确定这一带曾经是较为宽阔平静的古老海洋边缘。从1902年开始，一些探险者在这里发现了一些暴露在外的巨大鲸鱼骨骼化石，引起了古生物研究人员的注意，随后在鲸鱼谷的始新世时期地层中陆续发掘出土了超过1500具的古代海洋脊椎生物化石，其中最著名的当属出土的最完好、体形最大的龙王鲸的化石，鲸鱼谷也正是因此而得名。

　　龙王鲸是一种生活在始新世时期的原始鲸鱼（并非现代鲸鱼祖先），它们体形巨大，通常身长在18米左右，最长可达21米，远超现代鲸鱼的尺寸。由于它前肢有发达的五指鳍状肢，再加上还保留着部分陆地生物的特征（例如还没有完全退化的短小后足结构），因此一度被认为是古代海洋爬虫类生物的化石，而被称为帝王蜥蜴。直到古生物学家们在法尤姆鲸鱼谷发现了它们完整的骨骼化石后，才确定它们是一种原始鲸鱼，并且补全了鲸鱼可能演化自陆地哺乳动物的关键证据链。

　　鲸鱼谷的古代生物化石保存程度相当完好，甚至能在一些古生物化石体内发现它胃部内容物的痕迹，再加上除了鲸鱼之外，包括鲨鱼、鳄鱼、鳐鱼、海龟等古生物化石绝大多数都集中于同一区域。这些古生物化石有一些暴露在外，绝大多数则被浅埋在沉积物中，能够让现代人直观地了解当时古代海洋的海况和生态环境，因此具有重大的古生物研究意义。

　　或许古埃及人就是在绿洲边缘目睹了这样体形巨大的古代生物的化石，才会在他们的奇妙神话幻想中创造出包括索贝克、阿佩普在内的巨型神话生物。

在鲸鱼谷发现的龙王鲸化石

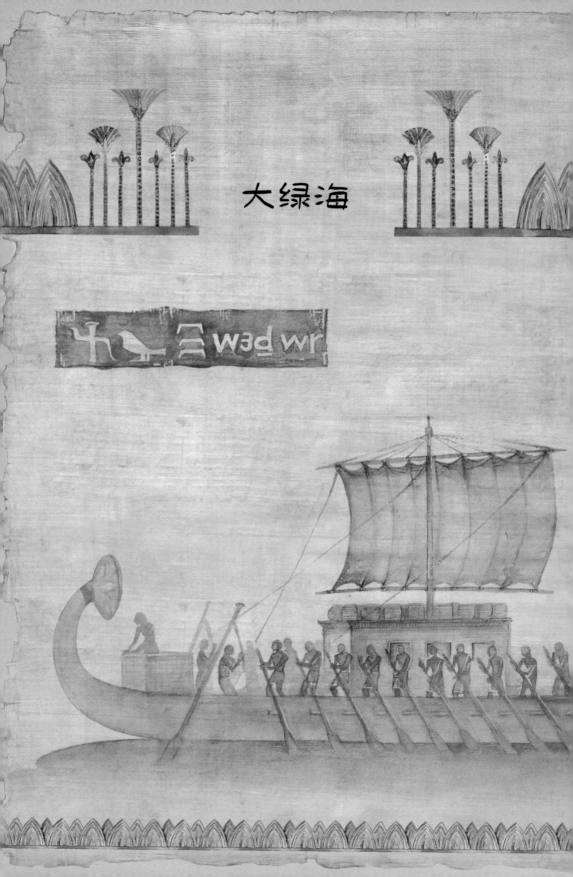

大绿海

jw ḏɜ wr

大绿（Wadj-Wer），是一个古埃及人所使用的地理区域名称，现代一般认为这是古埃及人对北方的地中海的称呼，因此将这个词意译为"大绿海"。但是埃及学界对"大绿"究竟指代的是什么地方仍然存在较大的争议，也有学者认为大绿可能指尼罗河、法尤姆绿洲、下埃及三角洲、红海或是印度洋等地理区域，为避免混淆，这里统一采用大绿指代地中海。

　　在古埃及文明早期，古埃及人对地中海相当陌生。对于古埃及文明来说，尼罗河带来的充沛水源和肥沃淤泥让古埃及的物质基础建立在灌溉农业之上，自给自足的农耕经济能够满足古埃及人的各种生存需求，这决定了早期古埃及人不太可能也没必要像后来的海上民族那样进行长时间长距离的跨海迁徙活动。南方险峻的阶梯瀑布、西部连绵不绝的沙漠都成了他们扩张领土的天然阻碍，而一望无际、波涛汹涌的地中海对于造船、航海技术还不发达的早期古埃及人来说更是难以逾越的天堑。

萨卡拉墓区
左赛王奔跑浮雕

促使古埃及人走出尼罗河河谷，开始逐渐探索、利用地中海的原始动力就是那些尼罗河河谷中稀缺的资源——石材、木材和铜矿。古埃及在第三王朝完成了统一之后，在左赛尔国王为自己修建的阶梯金字塔的带动下，兴起了修建大型石质建筑的热潮。由于埃及本土缺乏足够的石材资源，因此古埃及人一方面向努比亚地区发动远征，另一方面则沿着西奈半岛向西亚地区进发，勘探开发当地的资源。而令其感到庆幸的是，西奈半岛正巧富含埃及本土所稀缺的石材和铜矿。

开发西奈半岛资源最大的困难就是交通运输问题，尽管有陆路与埃及本土连接，但西奈半岛距离当时埃及的政治、经济中心孟菲斯依然十分遥远，而当时的古埃及人尚未掌握车轮和畜力的技术，如何将这些物资运抵孟菲斯就成了严峻的挑战。这时有了从努比亚地区将掠夺到的物资装船运回埃及本土的先例，古埃及人自然而然地想到了利用水路来进行运输，于是他们驾驶大船沿尼罗河北上进入地中海，并沿岸航行至西奈半岛，将西奈半岛上开采的石材、铜矿装船运回埃及。

由于地中海的蒸发量远远超过了它海域内的降水量和沿岸河流注入量——尤其是地中海东部的黎凡特海、克里特海位于热带沙漠气候区，气候常年干燥酷热，蒸发量惊人——导致该海域水位持续下降，海水平均盐度也超过西地中海和通过直布罗陀海峡与地中海相连的大西洋。如果不是大西洋每秒向地中海注入70000立方米的海水的话，那么地中海的海平面就会以每年1米的速度下降。这道注入地中海的大西洋洋流因为地球自西向东旋转产生的地转偏向力，而沿地中海海岸线呈逆时针流动，经摩洛哥、阿尔及利亚、突尼斯、利比亚附近海域后沿着埃及海岸线自西向东流动，受到地中海东岸的阻碍之后开始一路北上，经安纳托利亚地区流至希腊及迈锡尼。

这道自西向东的洋流使得从尼罗河出海前往西奈半岛、迦南地区的船只可以顺水航行，不需要太多额外动力即可轻易抵达。不过对于从上述地区返回埃及的船只来说，反方向洋流就会给行船造成诸多不利，为此古埃及人利用人力划桨（这个时候的古埃及船只普遍为十六桨船）和借助常年由地中海刮向尼罗河河谷内的海风来完成这段逆水的航行。满载着西奈半岛地区矿物的船只进入尼罗河之后，由于下埃及三角洲地势平坦，没有任何行船阻碍，加上尼罗河流速大幅减缓，即可借助风力沿河运抵上游的孟菲斯，完成航运任务。

由于船运的需求不断增加，古埃及人开始尝试制作更大的船只（在第四王朝时期，古埃及人已经制造出长达40~50米的大型船只），反过来又促进了古埃及人对优质木材的需求。尽管埃及本土和上游的努比亚都能提供不少的木材，但是古埃及人更加偏爱出

古代地中海世界

产于黎凡特地区（即今天的黎巴嫩）的雪松木，他们甚至用"麦汝木"这个称呼来特指当地出产的雪松木。从帕勒莫石碑铭文中可以看到，斯尼夫鲁国王派遣去黎巴嫩收集木材的船队带回了四十艘船的雪松木，很快这些雪松木就被制成了王宫的新大门，以及几艘更大的雪松木船只。

　　起初，古埃及人只是将地中海东岸区域视为原材料的出产地，对当地的土著居民以及试图进入埃及领土的游牧民采取敌视的态度。但随着这些地区的城邦文明逐渐兴盛崛起，古埃及和众多西亚城邦之间的关系由一开始单纯的征服掠夺，逐渐演变成以商业贸易、朝贡体系和通婚移民等较为和平的方式构成的交流模式，这让古埃及的大宗商品得以通过船运或陆地运输的形式迅速倾销地中海东岸，促使古埃及人不得不更重视对地中海沿岸区域的开发。在这段时间里，古埃及在尼罗河入海口沿岸兴建了不少海港和配套的海港城市，以及开发出来的众多新航线——例如前往安纳托利亚、米诺斯和迈锡尼的远程航线。

　　早期贸易航线的开发对古典时代地中海文明圈的形成影响极为深远，一些在古典时代被那些早期航海家、水手们赋予地中海众多边缘海域的名称被一直沿用至今，例如萨丁尼亚海、西西里海、利比亚海、色雷斯海、米尔托安海、克里特海、西里西亚海、伊卡利安海以及埃及濒临的黎凡特海等，这些边缘海域的名称从古典神话里一直沿用到现代的海事地图上。其中古埃及人最常航行的海域是黎凡特、利比亚海和克里特海，古埃及和周边各国的双边、多边贸易体系在这些海域上逐渐形成。

　　这一时期古埃及最畅销的商品是埃及本地生产的陶器和硬质石材器皿，例如在黎凡特地区的毕布罗斯地区就出土过带有斯尼夫鲁名字的雪花石膏器皿的残片，以及有胡夫名字的闪长岩和雪花石膏的器皿残片。一方面，经过前期众多大型石质建筑工程的积累，当时的古埃及人雕凿、制作硬质器物的工艺水平远超周围地区；另一方面，在漫长的运输过程中，这些不易变质、耐碰撞的器物也远比粮食、水果、猎获物等不耐储存的商品更便于海运。

除此之外，古埃及还向地中海沿岸出口黄金、象牙等名贵原材料。克里特岛的米诺斯文明就因为岛上缺乏黄金和象牙等原材料而从埃及进口，加工制作成米诺斯风格的首饰，再返销包括埃及在内的地中海沿岸地区。另外埃及还出土过一些刻有米诺斯线性文字B的陶罐（里面残余有香油的痕迹，可能是用来装载米诺斯出产的油料的），以及一些具有鲜明米诺斯风格的织物残片，它们显然也是来自克里特岛的舶来品。

　　随着埃及和地中海东岸地区以及米诺斯、迈锡尼等海岛文明之间的海上贸易往来关系越来越密切，埃及也逐渐成为了这个地中海东岸原始贸易网的重要部分，且越来越依赖出产自外国的矿物、木材、香料、牲畜等物资。以至于来自亚洲的喜克索斯人占据了下埃及三角洲，导致古埃及与西亚地区贸易中断一百多年。第十八王朝国王阿赫摩斯一世在成功驱逐喜克索斯人的第一时间就重启了与叙利亚、毕布罗斯和克里特岛的贸易线路，恢复了和这些地方的贸易往来。

　　到了后王国时期，随着移民进入埃及本土的希腊居民人口的不断增加，融入古埃及文明中的希腊人带来了货币的概念和通过一般等价物进行的复杂贸易体系，这让摆脱了原始的物物交换和朝贡贸易体系的古埃及人能够更好地融入更广大的地中海贸易体系

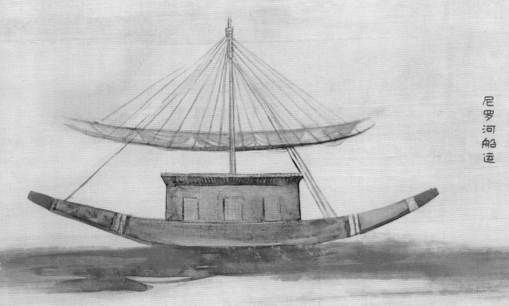

尼罗河船运

之中。第二十六王朝的普萨美提克一世非常重视商业贸易，他在位期间鼓励工商业的发展，积极开展对外贸易，与腓尼基、小亚细亚、希腊地区都有贸易往来。稍晚的阿赫摩斯二世更是为了获得希腊移民和希腊雇佣军的支持，下令在下埃及三角洲西部沿海地区建立一座后来名为瑙克拉提斯的移民城市，这座城市的居民全部都是希腊人（希腊人不许随意离开，埃及本地人也不准随意进入），而建造这座城市的另一个目的就是建立一座面向希腊地区的贸易海港——这座城市的建立确实卓有成效，很快这里就成为了埃及-西亚-地中海的贸易中心，包括粮食、橄榄油、葡萄酒、雪松等大宗贸易商品都从这里通过海运进入埃及或输送到地中海的其他地区。

经过无数次的货物船运，古埃及人也意识到了船运在军队投送方面能够起到的重要作用。新王国时期的著名征服者图特摩斯三世被视为古埃及海军的创建者，他在向西亚地区发起一生中的第七次远征的时候，就派遣了一支军队乘船前往黎凡特，登陆并夺取了这个海港城市，为沿陆地前往当地的主力部队做好了接应的准备，这是古埃及有史记载的第一次海上军事行动。在图特摩斯三世时期，古埃及几乎控制了整个叙利亚和黎凡

特地区的港口城市，将大部分东地中海沿岸海域都纳入了古埃及的势力范围。当图特摩斯三世的军队进攻到幼发拉底河时，古埃及人也在这里建造了一些军用船只，由曾经参与过驱逐喜克索斯人战争的老船长阿赫摩斯指挥，在幼发拉底河这条"逆流河"（指和尼罗河流向相反）上击溃了盘踞在这里的米坦尼人。

　　古埃及海军自新王国时期建立以来，参与了多次对抗海上民族入侵的战争，并在第二十六王朝时期得到了进一步的加强。第二十六王朝是古埃及历史上最后一个强盛的时代，为了维持古埃及在西亚地区的军事存在，国王尼科二世进一步加强了古埃及海军的实力。一方面他挖掘了一条利用大苦湖水系连接尼罗河与红海的人工运河，地中海海域首次实现了与红海海域的不间断通航；另一方面他还在地中海和红海各设立了一支海军部队，士兵们驾驶着从外国引进的新型三列桨船在海上或是海港城市作战，到了尼科二世的孙子阿普里伊国王时期，古埃及海军甚至大举出动，主动进攻了腓尼基人的海港城市，要知道腓尼基人一直是传统的海洋强国，海军数量和军舰质量都是当时地中海东部海域最强大的。

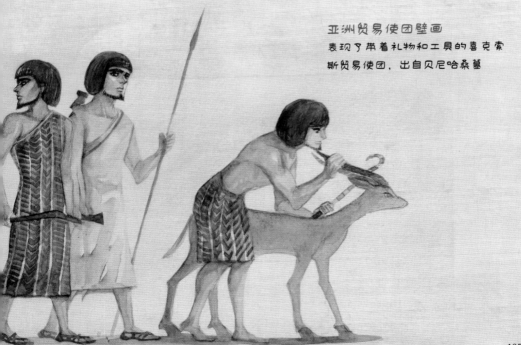

亚洲贸易使团壁画
表现了带着礼物和工具的喜克索斯贸易使团，出自贝尼哈桑墓

到了托勒密时代，继承了强大的马其顿海军体系的古埃及海军在地中海占据着举足轻重的地位，托勒密一世在历次继业者战争中多次派遣古埃及海军参战，古埃及海军甚至在第四次继业者战争中一度反攻到希腊境内，攻占了爱琴海和塞浦路斯等地区。而到了托勒密王朝末期，安东尼和古埃及女王克里奥帕特拉七世率领的联合海军与屋大维率领的舰队在亚克兴角爆发大规模海战，古埃及海军本来是能够决定这次海战胜负的关键力量，但是激战中克里奥帕特拉七世却突然指挥古埃及海军撤出战场，这直接导致了安东尼舰队的溃败，埃及被罗马占领而成为后者的行省，这场海战也成了古埃及海军的谢幕之战。

尽管古埃及人以大无畏的探险精神，凭借着原始的航海技术征服了包括黎凡特海在内的地中海海域，不过一望无际的大海上依然危机四伏，这些危险不仅来自无情的海洋环境，同样也来自异域的海盗和劫掠者的威胁。

对于古典时代的航海者来说，在茫茫大海上唯一能够依靠的就是脚下乘风破浪的船只，由于当时航海技术原始，能够进行航海作业的船只稀少，即使是行驶在传统航线上，遇到其他船只的概率也微乎其微，这意味着船只一旦遭遇风暴、涌浪、触礁、搁浅、翻覆等险情，几乎不太可能获得任何救援，一些落难的水手即使侥幸遇到礁石、荒岛，得以从海难中暂时幸存下来，但在得不到任何补给和救援的情况下，生还的可能也几乎为零。因此在那个时代，许多出海的商船都一去不复返，没有人知道那些失踪的船只遭遇了什么，上面的水手又下落如何。在现代水下考古活动中，考古学家们在地中海海底发现了大量古典时代的沉船遗迹，但这些在深海低温缺氧环境中得以保存下来的古代商船，也只是当时沉没、失踪的众多船只中的冰山一角。

从一则古埃及中王国时期流传下来的民间传说《遇难水手的故事》中，我们能够一睹这些古代水手遭遇海难时的悲惨遭遇。

《遇难水手的故事》的大致情节如下：一位古埃及官员在一次航海中没能完成国王交待的任务，担心受到国王的惩罚而十分痛苦。他部下的一名水手为了激励他振作起来，讲述了几年前自己遇到船难流落荒岛的遭遇。水手乘坐的船只遭遇风暴后沉没，船上其他人全都被淹死，只有他孤身一人被海浪冲上了荒岛。

在荒岛上，这名水手得到了一条神秘的巨蛇的帮助，给他带来了各种各样的食物和水，并向水手讲了自己的故事，说它和它的家族本来一起生活在这座岛屿上，结果突然遭到一颗坠落星星的撞击，只有巨蛇自己得以从陨石引发的烈焰中幸免，它虽然很痛苦，但仍然坚持着活了下来。因此巨蛇告诉这个水手，他能够大难不死是因为众神在照顾他，所以要坚持活下去，他注定是要死在自己的城市里的。

四个月后，水手遇到了经过的船只，因此获救并返回了埃及，但是其他人听了他的遭遇再去找那座岛时已经找不到了，在水手离开岛之前，巨蛇就已经告诉过他，一旦他离开这座岛屿，这座岛就会化为海浪消失。

虽然这个故事最后仍然没能让那个官员振奋起来，但是从中可以看到中王国时代的航海水手们所面临的各种危机，在这样恶劣的环境下工作，还要完成国王交付的任务，是极具挑战性的。

《遇难水手的故事》

另外这个故事中还提及了陨石、大火等天灾，尽管在大海上发生大规模自然灾害的概率较低，但是对于地中海上的船只和岛屿居民来说，一旦遭遇就是灭顶之灾。由于地中海海域位于非洲板块和亚欧板块、印度洋板块的交界处，因此地质活动频繁，火山、地震、海啸灾难时有发生，一些考古学家认为公元前16世纪突然毁灭的米诺斯文明，就是因为锡拉火山爆发引起的海啸导致的。尽管古埃及人并没能直接目击米诺斯文明的覆灭，但作为海上贸易对象之一，古埃及人显然也关注到了这些海岛居民的突然消失。同样的，地中海的活火山还包括公元79年喷发的维苏威火山，这次喷发直接造成了附近的庞贝古城被毁，从如今的考古发掘来看，庞贝城内有着古埃及风格的神庙、希腊风格的伊西斯女神神像以及一些产自古埃及的物品，显然庞贝在当时也是古埃及的贸易对象之一，并深受古埃及文化的影响。

除了火山，同样具有极大威胁的还有地震，在下埃及三角洲西部，亚历山大城以东区域原本有建立于古埃及晚期的卡诺普斯古城和赫拉克利翁古城，但在公元8世纪的一次沿海强地震中，这两座古城之间的大片陆地都因地陷而沉入海中，城中不少居民因此遭遇灭顶之灾。

虽然古埃及的水手在地中海上会遭遇各种自然灾害，但是整体来看，对古埃及的航运安全和领土安全威胁最大的，还是那些活动在地中海上、以劫掠为生的海盗们，其中最著名的当属多次直接从海上入侵埃及本土的海上民族。

公元前十三世纪末期开始，这些海上民族多次进攻地中海东岸各地区，先后灭亡赫梯、迦南众城邦，随后又在美伦普塔赫和拉美西斯三世时期两次大规模入侵埃及本土，尽管经过激战，两次入侵都被当时强盛的古埃及军队击败，但是埃及本土的经济也因为源源不断的战乱以及海上商路的受阻而遭受重创，让古埃及的国力迅速衰落。以至于第二十王朝末期，出使西亚各国的官员已经不能再让当地的首领听从古埃及国王的命令，甚至还受到这些原本臣服于古埃及的首领们的百般刁难。失去了西亚广袤的土地和商品贸易渠道，古埃及最为强盛的新王国时代就此终结。

古埃及的历史完结了，
但传说还在继续……

后记（一）

  匆匆二十余万字的篇幅，难以概述古埃及三千余年浩瀚历史之万一。在写作这套书的过程中，我查阅了中外众多埃及学书籍和论文，越发觉得自己学识浅薄，不堪负此重任。

  受限于篇幅，许多非常重要的内容只能泛泛略过，例如《生命之宫》一书中的"晚王国时期"和"托勒密王朝"的古埃及历史，《美丽之屋》一书中形态各异而被有意无意忽略的埃及诸神，《伟大之域》一书中没有足够的篇章来讲述古埃及文物中的"木雕"（原本打算按照"金""石""木"的材料来区别展现古埃及不同的艺术精品），这让我难免有些遗憾。

  但是这套书能够顺利付梓，还是让我得以一偿夙愿，完成了一套"通俗的古埃及全景式科普书"。在这里要感谢悠老师的生花妙笔，为这些枯燥的文字添加了生动的梦幻之景。还要感谢清华大学出版社的刘一琳编辑从立项到最终出版所做出的重大贡献，这本书也献给她那位与这本书几乎同时诞生的孩子。感谢清华大学出版社的各位编辑老师，感谢在写作过程中给予无私帮助的李晓东教授、金寿福教授、颜海英教授、袁指挥教授，感谢微博上的"海参难吃1997""解印人桑托""TinkerWY""C酱住在乌鲁克""爆肝的纸莎草"提供的资料和数据。还要特别感谢在写作过程中对我照顾有加的家人，没有他们，这本书就很难问世。

  在此，特别感谢李晓东教授在百忙之中拨冗赐序。

  仓促成书，其间难免有所疏漏，若有斧正，恳请赐教为幸。

赵航

2022年5月

后记（二）

2018年，当我结束了《花样公公》的漫画故事连载之后，终于有时间出去旅游了。于是我选择了埃及。

说熟悉也不算熟悉，说陌生也不算陌生，看着《尼罗河女儿》《天是红河岸》长大的宅女，总想亲自去看看。看过一些相关书籍（关于"法老的诅咒""外星人法老"之类），逛过世博会埃及馆，仅止于此。

当我摸到了伫立千年的古老巨石，看到斑驳艳丽的壁画，触碰到清凉的尼罗河水时，一种无法言表的感情陡然绽放，我被掷入浩瀚的时间长河之中。一边是WiFi、咖啡和聊天平台，一边是古老安静谜一样的古文明画卷。

接下来的几年在不断地看书和学习中度过。作为一个外行，我只能把学到的、看到的关于古文明的思考画出来，放在微博上，和同样热爱古埃及的朋友一起发散思维、调整纠错。

在这个阶段，我也认识了这次的合作者科普作家赵航老师和清华大学出版社的编辑刘一琳。赵老师产出效率惊人，我只能努力跟上他的步调；一琳提了很多专业性的意见。如此这般，从纯CG的漫画故事过渡到手绘历史、神话、建筑……还顺便学会了排版，突破了原本的舒适圈反而让我格外舒适。我应该也会一直这么折腾下去，和鼓励我的大家共同进步。

这套书，是赵老师多年研究古埃及文明的成果，也是我这些年手绘古埃及的集结，还有我母亲拍摄的照片，希望能和你一起踏上寻访古埃及文明的旅程。

悠拉悠

2022年6月

莎草绘卷 绘制过程